Belas Letras

FAMÍLIA VIAGEM GASTRONOMIA MÚSICA CRIATIVIDADE

JIM LINDBERG
VOCALISTA DO PENNYWISE

PAPAI PUNK

SEM REGRAS, SÓ A VIDA REAL

Belas Letras

© 2007 Jim Lindberg

Publicado mediante acordo com a Collins, uma marca da Harper Collins Publishers.

Uma mensagem assustadora dos nossos advogados para você:
Nenhuma parte desta publicação pode ser reproduzida, armazenada ou transmitida, sem a
permissão do editor.
Se você fez alguma dessas coisas terríveis e pensou "tudo bem, não vai acontecer nada", nossos
advogados entrarão em contato para informá-lo sobre o próximo passo. Temos certeza de que
você não vai querer saber qual é.

Este livro é o resultado de um trabalho feito com muito amor, diversão e gente finice pelas seguintes pessoas:
Gustavo Guertler (publisher), Marcelo Viegas (edição), Fernanda Fedrizzi (coordenação editorial), Paulo Alves (tradução), Jaqueline Kanashiro (revisão) e Guilherme Theodoro (capa e projeto gráfico).
Obrigado, amigos.

2018
Todos os direitos desta edição reservados à
Editora Belas-Letras Ltda.
Rua Coronel Camisão, 167
CEP 95020-420 – Caxias do Sul – RS
www.belasletras.com.br

Dados Internacionais de Catalogação na Fonte (CIP)
Biblioteca Pública Municipal Dr. Demetrio Niederauer Caxias do Sul, RS

L742p   Lindberg, Jim
         Papai punk: sem regras, só a vida real / Jim Lindberg;
     tradução de Paulo Alves. Caxias do Sul: Belas Letras, 2017.
     256 p.

         ISBN 978-85-8174-416-2

         1. Literatura norte-americana - Crônicas.
         2. Paternidade. 3. Música. I. Alves, Paulo. II.Título.

17/92   CDU: 821.111(73)-92

Catalogação elaborada por
Maria Nair Sodré Monteiro da Cruz CRB-10/904

PARA MINHAS GAROTAS

SUMÁRIO

08	PREFÁCIO
10	INTRODUÇÃO
28	HISTÓRIA DA MINHA VIDA
44	FESTA NO MARCO ZERO
88	HEY, HO! LET'S GO!
122	MONSTRINHO DA MAMÃE
162	ANARQUIA NO MATERNAL
176	SOMOS UMA FAMÍLIA FELIZ
234	F@D#-SE A AUTORIDADE?
254	AGRADECIMENTOS

SOU VOCALISTA DE UMA BANDA PUNK; NÃO É PRA MIM QUE VOCÊ DÁ UM BEBÊ. VOCÊ ME DÁ UM MICROFONE E UMA LATA DE CERVEJA, ME COLOCA DENTRO DE UMA VAN E ME MANDA EM TURNÊ PELO RESTO DA VIDA. EU NÃO TROCO FRALDAS, EU BERRO PROVOCAÇÕES COM FÚRIA CONTRA O SISTEMA.

PREFÁCIO

Por Rodrigo Lima*

Perdi o parto da minha filha por conta de um show de minha banda na madrugada anterior ao nascimento dela. Estava a pelo menos mil quilômetros da minha companheira e todo o parto foi planejado para ser natural e cheio de participação da minha parte. Teria sido um evento muito bonito, se minha filha não tivesse resolvido vir quatro semanas antes do previsto... A única coisa que pude fazer foi ouvir piadas de punks mais velhos, como os caras do Ratos de Porão, que já haviam vivido bastante desse quase clichê de pais que vivem na estrada. Assim, me concentrei durante uma tarde inteira nas contrações, contando-as de onde eu estava: um quarto de hotel em Campo Grande, no Mato Grosso do Sul. Esporadicamente recebia alguns vídeos da mãe, cheia de energia durante as contrações e (sofridamente) sorrindo de felicidade. Fiz a apresentação do Dead Fish com a cabeça não sei onde, anunciei para o público que naquele momento estava me tornando pai, numa mistura de muito bravo com muito triste. Quando o show terminou, corri pro aeroporto e comprei um bilhete em cima da hora – no valor de uma passagem pra Europa –, para chegar quarenta e quatro minutos depois do parto que durou exatas dezessete horas. Lindo, não filmado e, obviamente, sem mim. Uma lástima.

Com sua atenção presa a este prefácio, posso te dizer que você tem em mãos um tratado sobre o assunto paternidade para

---

* Rodrigo é vocalista da banda capixaba Dead Fish.

pessoas pouco ajustadas à sociedade padronizada em que vivemos, ou seja, os punks e todas as suas variações. Convenhamos, com a globalização e essa pasteurização promovida pelo capitalismo pra vender mais com menos custo, até um pai na América do Sul pode se identificar e dar boas risadas com situações quase sempre muito similares, como trocar fraldas, tentar amenizar uma cólica repentina ou simplesmente não proferir um palavrão corriqueiro na frente de uma criança aprendendo a falar. Tudo isso parece muito simples de fazer, se a vida de Mr. Lindberg e a de muitos outros pais mundo afora não fosse estar mais da metade do tempo metidos em turnês, na estrada por todos os cantos e bem longe de suas crias com gente maluca e bêbada pra todos os lados, que não está nem um pouco interessada em ter filhos ou ouvir sobre como são lindos os primeiros passo de sua filhota.

O melhor deste livro é exatamente como a falta de padrão para se ter um bebê pode ser sofrido, mas ao mesmo tempo instigante, inovador e engraçado. Afinal de contas, pais punks podem agir diferente em todos os assuntos, certo? Bom, nem sempre... Algumas coisas simplesmente não mudam numa relação entre pais e filhos, mas outras podem ser infinitamente melhores do que a criação careta deste mundo boboca e conformista. Se você tem este livro nas mãos, é porque, no mínimo, quer ver uma forma diferente de paternidade, muitas vezes confusa, e não menos amorosa do que qualquer outra. É justamente por conta da eterna falta de maturidade que o punk traz, que educar uma criança pode se tornar mais divertido, pois podemos rir muito mais com o *nonsense* de palavras indecifráveis de bebês semibanguelos ou com arrotos pós-mamadas. Só não tente procurar canções de ninar com as letras do Napalm Death ou do Discharge, pois elas não existem, ainda. Dos Ramones já existem e são demais!

NOITE DOS PAIS

Recentemente, tivemos uma noite de pais na escola das nossas filhas, o que geralmente é muito divertido pra um papai punk. É quando a escola recebe os pais para poder comprovar para eles que os professores estão, de fato, ensinando coisas aos seus filhos, e não simplesmente trancando-lhes em um armário depois que são deixados lá. A turma de pré-escola da filha número dois teve de fazer um projeto de Dia dos Pais em que cada criança de quatro anos iria à aula vestida como seu pai no trabalho, com as roupas do próprio, para a professora tirar uma foto. Eu e os outros pais fizemos uma fila e passamos educadamente pela sequência de retratos das nossas filhas, dispostos com capricho em uma mesa sob o quadro-negro, na sala de aula. A maioria das garotinhas nas fotos estava vestindo terno e gravata, à maneira de seus pais executivos ou advogados; algumas, uniformes de bombeiro ou paramédico; e outras, trajes de construtor civil ou encanador. Na última foto da fila, lá no final, estava a minha filha, segurando orgulhosamente minha guitarra surrada, pintada de prateado cintilante, decorada com adesivos ofensivos variados e mantida inteira graças à *silver tape*. Ela estava vestindo a minha calça jeans rasgada e os meus tênis de cano alto, o cabelo escondido pra dentro do boné *trucker* esfarrapado verde e branco, que eu sempre uso, e sobre seu corpo minúsculo estava a minha camiseta vermelha desbotada com o que parece ser o logo da Nike na frente, mas na qual, em vez de o nome da marca, está escrito "RIOT!" ("REVOLTA!").

Não é preciso dizer que a nossa foto foi a que recebeu mais comentários dentre todas do projeto, com os pais gargalhando e apontando com os outros caras da fila. Nesse momento, eu não sabia se deveria ficar orgulhoso ou socar alguém.

A situação é basicamente essa sempre que os pais se reúnem para algum evento da escola, oficial ou não. Nas reuniões de pais e mestres, premiações, jogos de T-ball[1] e festas de Natal, a primeira pergunta que sai da boca de todo mundo ao conhecer alguém novo no mundo dos pais é "E então, o que você faz?". As respostas amplamente dadas e aceitáveis são, em geral, "Sou advogado", ou "Corretor da bolsa", ou "Executivo de contas". Geralmente, é alguma posição muito oficial, de tom muito importante em algum grande escritório de advocacia ou megacorporação envolvida na dominação do mundo. Quando tenho de responder o que faço da vida, me vejo em um jogo de Vinte Perguntas, porque a verdade é que eu daria qualquer coisa para dar uma daquelas respostas. Não quero me destacar nem receber nenhuma atenção extra. Gostaria de poder dizer que trabalho com materiais plásticos ou com desenvolvimento de software, ou qualquer coisa que soe sólida e estoica. Em vez disso, já que não gosto de mentir ou fazer joguinhos, engulo em seco e murmuro que sou músico.

---

1 Esporte que é uma versão simplificada do baseball e do softball, para crianças de 4 a 8 anos. (N. do T.)

Ora, quando a maioria das pessoas ouve isso, geralmente pensa uma dessas três coisas: (A) você é um perdedor que toca guitarra e dá pegas em um bong na garagem o dia inteiro, enquanto sua esposa sustenta você e sua família; (B) você é o diretor musical da igreja evangélica local, que usa Birkenstocks e canta músicas de louvor sobre Jesus e a montanha com os olhos fechados, enquanto sua esposa sustenta você e sua família; ou (C) você tem uma banda *jazz fusion* horrível de terceira categoria cover de Jimmy Buffett, que não tem a mínima chance de dar certo e está a dois segundos de entregar ao seu interlocutor a sua quinta tentativa de CD demo para o caso de ele conhecer alguém na indústria fonográfica, e sua esposa sustenta você e sua família. Nenhuma delas é boa. Se você fosse o Bruce Springsteen ou o Steven Tyler, ninguém precisaria perguntar nada. Caso contrário, eles pensam "Se você é músico, obviamente é um fracasso, senão eu saberia quem você é, e, como não sei, você provavelmente deveria desistir, porque todo mundo que eu conheço tem um violão, um banjo ou um saxofone em algum lugar da garagem ou do sótão, mas eles não se dizem músicos. Eles tiram a poeira do instrumento de vez em quando e tentam relembrar os três acordes que aprenderam no colégio, mas em algum momento têm o bom senso de guardá-los e arrumar um emprego de verdade".

A maioria das pessoas é simpática o bastante para suprimir o ímpeto de sorrir e sair de fininho para encontrar alguém que possa vir a ser um contato profissional melhor, então elas fazem mais umas duas questões.

"Ah, é mesmo? O que você toca?", perguntam educadamente.

"Bem, tenho uma banda."

"Que tipo de música?"

"Bem, é tipo hard rock ou... punk rock, pode chamar como quiser."

"Fala sério, é mesmo? Ei, querida, esse cara tem uma banda de punk rock! Vocês fazem shows por aqui? Como chama a banda?"

"Bem, a gente faz bastante turnês. Chamamos Pennywise."

"Pennywise? Ah, nunca ouvi falar. Carol! Já ouviu falar em Pennywise? Não? Uau, isso é fantástico. Vocês têm discos lançados?"

"Sim, na verdade lançamos oito álbuns."

"Jesus, você faz isso há muito tempo."

"Sim, quinze anos. E você, o que faz da vida?"

"Trabalho com plásticos. Que instrumento você toca?"

"Bem, eu sou o cantor."

"O cantor? Uau! Você não tem cara de cantor!"

É engraçado o quão frequentemente eu escuto isso. É incrível que as pessoas não vejam essa afirmação como completamente ofensiva. Quando você imagina um vocalista, pensa num galã bonitão, carismático, charmoso, sexy. Assim, dizer que eu não tenho cara de cantor é como me dizer que eu sou entediante e nada atraente em níveis astronômicos. Muitas vezes, pensei em contrabalancear isso indo aos eventos usando um macacão de lycra com o abdômen inteiro de fora, segurando um microfone e berrando: "BOA NOITE, MEADOWS ELEMENTARY! TUDO BEM AÍ?".

Assim, caminhamos pela sala de aula e vemos todos os arco-íris pintados a dedo, os perus de Dia de Ação de Graças modelados em papel de construção, as estátuas de argila de algum tipo de animal e os desenhos da nossa família em linhas tortas de giz de cera (geralmente estou fazendo uma cara brava e gritando em um microfone). Sentamos nas cadeirinhas diante das mesinhas e olhamos todos os livros da série *Dick & Jane*, que as crianças estão lendo, os jogos para brincar no chão, e os cubículos onde as coisas são guardadas. É tudo muito simpático e pitoresco, meio como na série de TV *Os Pioneiros*, e, por alguma razão, me sinto um pouco envergonhado de estar ali, e não consigo parar de pensar que eu poderia ser mantido depois da aula por alguma coisa.

Enfim conhecemos a professora, incrivelmente querida e cordial, com o temperamento calmo, quase budista, necessário para segurar trinta crianças de cinco anos descontroladas o dia inteiro sem ficar completamente doida com elas em algum momento ou outro. Ela, é claro, joga a bomba do "O que você faz da vida?" logo de cara. Digo a ela que sou músico e o nome da nossa banda, e fico maravilhado e um pouco assustado ao saber que ela tem familiaridade com a nossa música.

"Vocês não estão com uma música na KROQ[2] agora?" De repente, fragmentos de gelo tomam o lugar da minha coluna.

"Ah, temos, sim... Olha, o peru do Dia de Ação de Graças dela está muito legal, mesmo. Ela traçou com as mãos para fazê-lo?"

"Sim. Como é mesmo o nome da música, a que fala de autoridade ou alguma coisa assim?"

"Ah, isso, é essa mesma... Olha, querida, olha o desenho da gente – ela desenhou até o Hamtaro, o hamster!"

"A música não se chama 'Fuck Authority'?"

Neste momento, me dei conta de que esta foi provavelmente a primeira vez que uma professora de jardim de infância falou a palavra com *f* para um pai durante a noite dos pais sem estar se referindo a alguma coisa que os merdinhas escreveram no quadro-negro, e sem que o termo seja seguido de um surto psicológico e de um processo. A palavra foi usada, de fato, em uma conversa educada, sobre mim e a minha música na rádio. Comecei a sentir as camadas paralelas do universo caírem ao meu redor.

"Ah, é. É essa aí."

É aqui que entro com a minha explicação de que todos da banda compõem músicas, e que aquela era uma composição do guitarrista, e ele era oficialmente um psicopata que sempre teve problemas com autoridade, e que também aquela realmente não era minha música favorita, pra dizer a verdade, e eu não faço ideia de por que a rádio esco-

---

2   Estação de rádio especializada em rock, de Pasadena (Califórnia), que transmite para a área conhecida como Grande Los Angeles. (N. do T.)

lheu aquela música para tocar, quando nós, na verdade, temos muitas músicas que são positivas e otimistas, e aquela não é realmente representativa da banda, e eu preferia que a rádio nem tocasse e "...olha só, olha aquela escultura de argila! É uma vaca ou um hipopótamo?"

Isso traz à tona um ponto importante de ser um pai vindo do mundo do punk. Como reconciliar a atitude de "foda-se a autoridade" que o punk rock sempre defendeu, quando se está tentando ensinar seus filhos a respeitar a autoridade, em especial a sua? Como posso sair de casa todas as noites e cantar aquela música a plenos pulmões e, da próxima vez que disser à minha filha de seis anos para parar de graça e ir para a cama, não esperar que ela me mostre o dedo do meio e me diga onde enfiá-lo porque eu sou O Homem e venho oprimindo crianças de seis anos como ela há séculos? Eu não deveria é ficar orgulhoso desse momento, isto é, se eu não fosse o hipócrita mais vendido do mundo? Se eu espero que ela siga as minhas regras, eu não deveria, toda vez que tocássemos aquela música, introduzi-la dizendo "Bom, é, tecnicamente, 'Fuck Authority', mas só quando você tiver idade o suficiente e isso for apropriado, caso contrário, é melhor você fazer o que te mandam ou você pode ficar de castigo".

PAPAI PUNK

Sou um pai punk rock. Quando levo as minhas filhas para a escola de manhã, no carro ouvimos Ramones, Clash e Descendents, e nada mais. Elas podem ouvir qualquer ex-integrante do Clube do Mickey cantarolar o último hit pop elaborado por um time de compositores suecos quando quiserem, se eu não estiver por perto, mas quando eu estou dirigindo, é Ramones, Clash e Descendents, e é isso aí. Vou a todos os jogos de futebol, às aulas de dança e aos recitais de piano, como todos os outros pais, porém, quando sinto a necessidade, também vou a shows de punk rock, corro para a roda e volto para casa doído e surrado, mas, de algum modo, me sentindo estranhamente melhor. Enquanto os outros pais tingem o cabelo de preto para cobrir os fios grisalhos, eu pinto o meu de azul de vez em quando. Faço o almoço delas, dou beijos nos ursinhos e as coloco para dormir à noite, e então desço para a garagem para ouvir músicas do Black Flag e do Minor Threat em volumes criminosos. Pago meus impostos, voto em todas as eleições para presidente e governador, cumpro meu dever de júri e reservo-me o direito de acreditar que a maioria das figuras políticas é irremediavelmente corrupta, que há uma vasta conspiração de direita para ferrar o trabalhador e tirar os seus benefícios sociais, e que o coordenador da associação de pais e mestres da escola possivelmente está envolvido nisso. O primeiro disco que comprei na vida foi *Never Mind the Bollocks, Here's the Sex Pistols*, e eu nunca tive um álbum dos Eagles ou do Led Zeppelin, mas, mais importante, cresci no fim dos anos 1970 e início dos anos 1980, e tomei parte na revolução quando o punk rock dilacerou o cenário musical flácido e alterou a paisagem cultural do mundo inteiro. Isso é o que faz de mim um papai punk.

"FAÇO O ALMOÇO DELAS, DOU BEIJOS NOS URSINHOS E AS COLOCO PARA DORMIR À NOITE, E ENTÃO DESÇO PARA A GARAGEM PARA OUVIR MÚSICAS DO BLACK FLAG E DO MINOR THREAT EM VOLUMES CRIMINOSOS."

A GERAÇÃO VAZIA

Há milhões de outros pais por aí que, assim como eu, cresceram nos anos 1970. Nossas primeiras lembranças da TV são de quando nosso episódio favorito do *Gasparzinho* foi precedido pelo rosto suado do presidente Nixon renunciando, depois do escândalo de Watergate. Lembramos das filas nos postos de gasolina, que se estendiam por quarteirões a fio, durante a crise do petróleo, das danças frenéticas da *disco music*, da crise dos reféns americanos no Irã e dos penteados estranhamente pomposos. *Three's Company* e o Fleetwood Mac dominavam as ondas de TV e de rádio. O clima político era o confuso rescaldo da perda da inocência dos EUA com o assassinato de JFK, a Guerra do Vietnã, o massacre na Kent State University e os factoides paranoicos da revista *Time*, que nos diziam que nossos arsenais nucleares poderiam, em conjunto, explodir a Terra dez vezes. O movimento paz-e-amor que fumava maconha e "amava quem estava ao seu lado"[3] entrou capotando e em chamas na "década do Eu" de desconfiança mútua, montanhas de cocaína e índice descontrolado de divórcios.

Os anos 1970 se tornaram uma longa ressaca de Valium dos anos 1960, no qual os nossos pais entraram na terapia do grito com seus psiquiatras e decidiram que era a sua felicidade que importava, não a de seus filhos, então se separaram, e o pai começou a passar os fins de semana com a secretária, em um condomínio em Baja. De repente, tínhamos dois Natais e dois Dias de Ação de Graças todo ano, um no México e outro ocupado, decorando a árvore e passando o peru para o novo namorado da sua mãe, Doug. Nós nos tornamos filhos de casas vazias, deixados sozinhos em nossos quartos jogando Pong com o nosso boneco Pet Rock e batendo uma para nossos pôsteres da Farrah Fawcett, enquanto os pais trabalhavam em dois empregos para juntar dinheiro para mais uma viagem de férias para Acapulco, para mais bailes *disco*, piñas coladas e trocas de esposas. Estávamos entediados, desprovidos de

---

3   Referência à canção "Love the One You're With", de Stephen Stills, lançada em 1970 e muito popular entre a geração à qual Jim se refere. (N. do T.)

direitos e frustrados com tudo. A música e a TV eram uma merda, bem como o aparentemente irreparável rumo de toda a raça humana.

O punk rock chegou no fim da década, bem quando nós mais precisávamos dele, e no meio daquele caos tudo fazia perfeito sentido. Era uma música rápida, furiosa, fervilhante de ressentimento e frustração adolescentes. Era antimoda, antiautoridade, antitudo. Críticos sociais verborrágicos o viam como uma expressão pós-moderna do Dadaísmo, um exercício de semiótica, a rejeição dos valores culturais tradicionais e o sintoma de uma doença social subjacente. Nós víamos como uma maneira honesta de extravasar e pentelhar o *status quo*. Nós esfregávamos aquele mundo zoado na cara deles, usávamos roupas rasgadas e mostrávamos o dedo do meio para o *mainstream*. Nós nunca cresceríamos, nunca nos venderíamos e nunca nos renderíamos. Mudaríamos o mundo com distorção, anarquia e raiva. Assim como nossos pais usaram Elvis Presley, Jerry Lee Lewis e os Beatles como trilha sonora da rebeldia adolescente deles, nós usaríamos Johnny Rotten, Keith Morris e Joey Ramone.

> I don't wanna live, to be thirty seven
> I'm living in hell, is there a heaven?
> Live fast, die young
> Live fast, die young
> Live fast, die young[4]

THE CIRCLE JERKS

A música nunca fora tão puta da vida assim. Até então, a música americana envolvia o sotaque caipira do country *hillbilly*, o blues do Delta, o jazz, a batida jovial do rock'n'roll, os sons viajantes da psicodelia e, o que mais causava náusea, a letargia alienada do soft rock de FM dos

---

4 "Não quero viver até os trinta e sete / Estou vivendo no inferno, existe um paraíso? / Viva rápido, morra jovem / Viva rápido, morra jovem / Viva rápido, morra jovem" (Circle Jerks, "Live Fast Die Young").

anos 1970. Mas o punk rock, quase mais do que qualquer outra revolução musical antes dele, capturava perfeitamente o espírito bilioso da época. Com a Guerra Fria, a proliferação nuclear e a corrupção política correndo soltas, havia um senso, ao fim da década, de que a condição humana se tornara sem sentido, plástica e corrupta. O punk rock emergiu como uma reação a "um mundo que se abria em fissuras"[5] e serviu para nos dotar de um senso de poder e identidade quando não tínhamos nenhum. Por alguns breves anos, sentimos unidade e orgulho no fato de que tínhamos respondido à sociedade arruinada que havíamos herdado de nossos pais com uma rejeição enfática, e se tivéssemos de ser derrubados em um holocausto nuclear, cairíamos entoando uma canção punk rápida e raivosa, nos jogando uns contra os outros em uma roda punk, em um tipo de expurgo bizarro niilista e catártico, nossa música um grito de guerra da geração vazia.

Mas e depois? A maioria das bandas punk boas se separaram, se venderam ou implodiram. A new wave e o heavy metal tomaram o posto deixado pelo punk rock e foram empacotados pela MTV, que os vendeu em um meio a ser facilmente digerido pelas massas. Aparentemente do dia para a noite, a raiva tinha sido extinta pelo comércio e pela complacência. A maioria de nós terminou o ensino médio e teve de arrumar empregos de verdade. Fomos para a faculdade e para os seminários de formação, conseguimos um carro da firma, o plano de aposentadoria, a conta de despesas e o pequeno cubículo com o nosso próprio computador. Achamos um apartamento barato em algum lugar da cidade e passamos os fins de semana bebendo e fumando no bar da região, nos perguntando que diabos estaríamos fazendo com as nossas vidas.

Assim, como saberíamos que um dia iríamos encontrar o nosso par perfeito em um clube sujo ou em uma loja de discos usados por aí, e depois de passarmos por tantas paixões unilaterais e namoradas

---

5 Referência ao verso "you see, the world's falling apart at the rifts", da música "What Can You Do?" (1988), do Bad Religion.

psicóticas osso duro, pensamos que nunca encontraríamos uma legal, então as pedimos em casamento só porque nos sentimos com sorte por alguém querer andar com gente que tem a nossa aparência, os nossos modos e o nosso cheiro. Nós nos casamos e pouco depois já estávamos ouvindo os passos de pezinhos calçados com pequenos Doc Martens. E, então, um belo dia, do nada, temos três filhas e uma minivan, estamos indo a jogos de T-ball e passando cinco horas por noite na tentativa de pôr para dormir quem não vai dormir sem uma batalha heroica. Imploramos para que elas comam ervilha e cenoura, porque, "Deus do céu, elas não podem comer só batata frita em todas as refeições", depois estamos saindo no braço com outro pai na Wal-Mart, às onze horas da noite na véspera de Natal, por causa da última boneca Cabbage Patch e pegando gastroenterite duas vezes por ano quando nossa filha a traz do acampamento do time de basquete. Antes que nos déssemos conta, fomos atirados contra a nossa vontade em um mundo de entediantes reuniões de pais e mestres, mães submissas psicopatas, partidas acirradas de futebol aos fins de semana e parquinhos lotados de crianças ranhentas. Justo quando tínhamos tido êxito em se rebelar contra nossos pais, nós nos tornamos eles.

ALGO EM QUE ACREDITAR

A ótima notícia é que, depois de passarmos a primeira metade da vida putos, reclamando e nos sentindo frustrados o tempo todo, descobrimos que nos tornarmos pais pode ser a única coisa que dá um senso de propósito às nossas vidas sem sentido. É a coisa mais fodida, difícil e dolorosa do mundo de aceitar, mas, com desculpas àqueles que não têm filhos por qualquer razão que seja, é o porquê de estarmos aqui. É parte do contrato. Alguém te deu à luz, limpou a sua bunda e te ouviu berrar e chorar dia e noite, e agora é a sua vez de fazer isso para outro alguém, para que possamos procriar a nossa espécie bagunçada. Acredite em qualquer religião feita pelo homem, qualquer seita de ficção científica de celebridades, qualquer bicho-papão a quem você queira doar 10% das suas economias, mas ter filhos é uma coisa que sabemos que a nossa espécie tem biologicamente o ímpeto de fazer; caso contrário, nenhum de nós estaria aqui, simples assim. Com a superpopulação e a falta de boa saúde pública, na verdade é ótimo que algumas pessoas escolham não ter filhos, mas, para muitos de nós, isso pode ser a única coisa a proporcionar uma tentativa de felicidade verdadeira, neste que, fora isso, parece ser um mundo frio e proibitivo, e pode até ajudar a começar a, enfim, aceitar algumas das responsabilidades contra as quais você se rebelou ativamente a vida inteira.

Quando primeiro descobri o punk rock ao comprar *Never Mind the Bollocks*, finalmente me senti como se não estivesse sozinho no universo. Antes disso, eu não fazia ideia de qual era o meu lugar no mundo – ou mesmo de quem eu era. Pais e amigos não me entendiam, e na maior parte do tempo eu me sentia tipicamente incompreendido e em descompasso com todas as outras pessoas. Encontrar o punk rock me fez saber que havia outras almas desiludidas por aí, com ressentimentos e frustrações engasgados que só podiam ser expurgados por meio de distorção e raiva. Ter espíritos semelhantes pelo mundo ajudou a amenizar a ansiedade por encarar o desconhecido, e por muitos anos senti conforto em saber que eu tinha uma irmandade secreta na comunidade punk rock, que ouvia os discos do Black Flag e do T.S.O.L. a sós no quarto, assim como eu fazia. Isso era algo em que acreditar, um lugar a que pertencer.

Décadas depois, quando descobri que minha esposa, Jennifer, e eu teríamos nossa primeira filha, minha sensação inicial foi a de uma ansiedade paralisante em relação a nós estarmos sozinhos para assumir a responsabilidade incrível de trazer uma criança ao mundo. Quando colocamos aquele bebezinho do tamanho de uma jujuba no assento do nosso carro gigante para levá-la para casa pela primeira vez, ela era tão pequena, que o cinto nem conseguia prendê-la, e a sua cabecinha de ervilha ficava tombando no assento, que, de repente pensei: "Não estamos prontos pra isso. Temos de levá-la de volta para o hospital e deixar os profissionais cuidarem dela. Sou um punk, pelo amor de Deus! Não podemos ter bebês! Somos as pessoas mais irresponsáveis do mundo!".

Quando finalmente aceitei que era pai e isso não era algum erro cósmico enorme, me dei conta de que estaria entrando em um mundo de paternidade que, às vezes, pode parecer que é povoado apenas por todo tipo de psicótico fanático religioso/competitivo conservador que se pode imaginar, que, por sua vez, olharia para mim como se eu fosse a aberração. Assim, é bom saber que agora há milhões de pais por aí, que são exatamente como eu, que ainda têm o espírito do punk rock no coração, enquanto conduzem as crianças à aula de balé e ao jardim de infância, embora, às vezes, pareça que estamos criando nossos filhos em outro planeta.

"QUANDO DESCOBRI O PUNK ROCK, FINALMENTE ME SENTI COMO SE NÃO ESTIVESSE SOZINHO NO UNIVERSO. ANTES DISSO, EU NÃO FAZIA IDEIA DE QUAL ERA O MEU LUGAR NO MUNDO – OU MESMO DE QUEM EU ERA. PAIS E AMIGOS NÃO ME ENTENDIAM, E NA MAIOR PARTE DO TEMPO EU ME SENTIA INCOMPREENDIDO E EM DESCOMPASSO COM TODAS AS OUTRAS PESSOAS."

NÃO QUERO CRESCER

Todo o movimento alternativo/punk pode ser visto como uma recusa infantil a crescer e assumir responsabilidades, e a imagem do sujeito alternativo preguiçoso/chapado imaturo, tatuado e com piercings, viciado em pornografia on-line e videogames, se tornou o arquétipo que define a nossa geração inteira. Para mim, me tornar pai acabou sendo a coisa que finalmente me forçou a crescer e aceitar que eu não era mais um moleque. Isso não significava que eu teria de virar um velhote chato, que passa o dia em uma cadeira de balanço gritando para as crianças saírem do gramado, mas quase tudo muda quando você se torna pai. Experimente tentar ficar fora a noite toda e depois acordar a tempo de ir ao jogo de futebol do seu filho. Certa vez, eu e alguns amigos fomos a um show do Bad Religion e tentamos fingir que ainda tínhamos dezoito anos, bebendo cerveja no estacionamento, virando várias doses de rum com Coca na área VIP, e depois continuando na *after-party*, nos engajamos em uma competição de *shots* madrugada afora. Quando finalmente cheguei cambaleando em casa, Jennifer me informou que a filha número dois tinha um jogo de futebol às oito horas daquela manhã, poucas horas depois. Sentado em posição fetal em uma cadeira de praia na lateral do campo, com o boné cobrindo meus óculos escuros, eu não estava enganando ninguém. Minha voz estava um lixo, minha compleição uns dois ou três tons de verde-marinho e eu cheirava ao bar onde tinha quase desmaiado algumas horas antes. Cada vez que me levantava para assistir à número dois dar um dos cem chutes a gol, imediatamente tinha de me sentar de volta, com medo de acrescentar parte do Jägermeister e dos nachos de ontem à noite ao campo. Da próxima vez, vou ficar em casa.

Minhas filhas são o que me fazem acordar de manhã, literal e figurativamente. Eu realmente não consigo me lembrar da última boa noite de sono que tive. Geralmente, começa com a pequenininha, a filha número três, chorando no berço por volta da uma hora da manhã, mais ou menos uma hora depois de eu ter desligado o *Letterman* na TV. Assim, em vez de pegá-la no colo e niná-la até ela dormir de novo ou só deixá-la chorar no escuro e dar a ela um complexo de abandono, pego-a e levo para a nossa cama. Ela volta a dormir na hora, e eu consigo umas boas duas horas de sono até por volta das três horas da manhã, quando a mais velha aparece na beira da cama dizendo que teve um pesadelo com uma caveira sem cabeça e quer dormir com a gente. Não demora muito até a número dois descobrir que é a única que não está na cama da mamãe e do papai, então, lá pelas quatro horas, a família inteira está na nossa cama, estou pendurado de lado com o cotovelo de alguém acomodado no meu pescoço e já recebi uns cinco chutes no saco. Agora sim é uma boa noite de sono.

É mais ou menos como alguém te alertando quando você está prestes a embarcar em uma montanha-russa particularmente eletrizante ou a assistir a um filme de terror extremamente assustador. É claro que você deve ir; eles só querem te alertar que você provavelmente não está preparado para aquilo em que está se metendo, então, aqui vão alguns conselhos cautelares: "Não olhe para baixo no terceiro loop" e "Desvie os olhos durante a cena em que a cabeça decepada surge do navio naufragado, se você tem tendência a ataque cardíaco, mas é claro que você tem que ver!". As pessoas foram e vão de novo porque foi incrível pra caramba. É por isso que tenho três filhas.

EU NÃO ESCOLHI O PUNK ROCK.

O PUNK ROCK ME ESCOLHEU.

I am the world's forgotten boy
The one who's searching to destroy[1]

⚡ IGGY & THE STOOGES

EU não escolhi o punk rock. O punk rock me escolheu. Principalmente porque a pequena cidade praiana onde cresci, na região de L.A., estava destinada a se tornar um fértil celeiro de punk rock, mas também porque um defeito genético praticamente garantiu que a primeira vez que eu ouvisse aquela batida proibida, eu responderia enfaticamente. É possível que eu viesse a ficar perfeitamente contente em crescer e me tornar um membro da sociedade despreocupado e produtivo, mas, de algum modo, enquanto flutuava nas trompas de Falópio da minha mãe, na jornada até meu lar uterino, herdei um gene mutante de um dos meus ancestrais, de modo que, quando nasci, em vez de meus dois olhos se voltarem amorosamente para cima, observando meus pais, ambos se voltavam para o meu nariz, incapazes de se mover, como se houvesse uma mosca pousada ali e eu não conseguisse parar de olhar pra ela.

O estrabismo é uma condição que atinge milhares de bebês no mundo inteiro. Significa que, em algum momento do meu desenvolvimento fetal, meus olhos decidiram que não queriam trabalhar juntos e focar os objetos em equipe, e, em vez disso, olhavam ao

---

1 "Sou o garoto esquecido pelo mundo / Aquele que está procurando destruir" (Iggy & The Stooges, "Search and Destroy")

redor, um independente do outro. O maravilhoso termo leigo para essa condição é ser chamado de "vesgo pra caralho". A questão é que essa parece ser uma das poucas deficiências, junto com a gagueira e a flatulência crônica, das quais as pessoas não parecem ter problema algum em tirar sarro na sua cara. Você chega perto delas com um dos olhos fitando seu próprio nariz e elas acham que você está fazendo graça. Os que têm o privilégio de conseguir imitar essa condição te cumprimentam rindo e fazendo a imitação na sua frente. Você não chegaria pra uma criança que só tem uma perna e começaria a pular como um Saci, mas, por alguma razão, uma pessoa com olhos zoados tem que levar na esportiva.

A primeira vez que me dei conta de que tinha essa deficiência foi uma experiência particularmente dura para alguém de uma idade tão tenra. Meus pais devem ter me guardado escondido em um armário até o jardim de infância ou quebrado todos os espelhos de casa, porque, até onde eu sabia, eu era um jovenzinho feliz e bem ajustado, mas quando fui para o parquinho pela primeira vez, encontrei um garoto que estava correndo em volta, assustando as menininhas ao abrir uma bocarra e grunhir como se fosse o monstro de Frankenstein. Quando me aproximei para me juntar à brincadeira, ele deu uma olhada nos meus olhos e disse "É, faz isso, e a gente corre atrás das meninas juntos". Aparentemente, minha expressão normal era suficiente para horrorizar meninas de cinco anos ao ponto de elas entrarem em pânico.

Até a última vez que cheguei, nenhuma criança de cinco anos gosta de ser destacada como sendo diferente de todo mundo, então me lembro de começar a me sentir um pouco envergonhado e apavorado em relação à minha condição ainda no jardim de infância. É difícil fazer amigos e influenciar pessoas quando a regra número um é sempre olhar as pessoas nos olhos. Mais tarde, com a cirurgia, o efeito foi amenizado de modo que, em vez de fitar o meu próprio nariz, eu poderia olhar para você com um olho, e o outro meio que vagava em órbita, como um satélite perdido. Estou convencido de que esse gene mutante e o tratamento duro que recebi de outras crianças tiveram um impacto profundo na minha personalidade posterior. A mente é uma coisa maravilhosa e adaptável em nossos anos formativos, e, uma vez que a alma anseia pela aceitação dos companheiros, compensei meu defeito ocular decidindo que, se eu fizesse coisas esquisitas e agisse de modo estranho para combinar, as pessoas iam achar que eu estava só fazendo graça. Comecei a ser importuno na sala de aula e a fazer coisas idiotas para desviar as atenções do problema dos meus olhos. Usava as mãos para fazer barulhos de peido enquanto a professora estava falando, usava cha-péus de pesca ridículos para ir à escola e comia coisas nojentas que pegava da calçada para divertir as outras crianças – aquelas típicas tentativas de pedido de socorro para fazer com que as pessoas me aceitassem. Logo me tornei popular na escola simplesmente por ser uma completa aberração.

Minha rebeldia doida só aumentou no ensino fundamental, e como eu não tinha medo de me meter em encrenca, comecei a me tornar um frequentador assíduo da sala de espera do diretor depois da aula. Em uma tarde de sexta-feira, convenci um amigo de que ir até o freezer do meu pai, que ficava na garagem, para beber o máxi-mo de cervejas que conseguíssemos antes do nosso jogo de baseball seria uma grande ideia. Não me lembro muito dos detalhes do que aconteceu depois, mas sei que envolveram comer uma quantidade significativa de terra no campo, mostrar o dedo do meio para o meu treinador, socar um menino do outro time e culminaram comigo sen-do perseguido em torno do campo pela minha irmã e os amigos dela, enquanto pais enojados observavam da arquibancada. Lembro-me de pensar, antes mesmo de abrir a primeira cerveja, que eu prova-velmente me daria muito mal por conta daquilo, mas nada disso me impediu. Fiz aquilo porque queria quebrar a monotonia da vida cotidiana, e me meter em encrenca parecia a melhor maneira para tanto. Aquela sexta-feira memorável enfim terminou comigo abaixando as calças e percorrendo em disparada toda a extensão da Ardmore Avenue, com a bunda ao vento.

Assim como muitos outros garotos, eu nunca parei de me rebelar, e quando o punk rock chegou, parecia que éramos feitos um para o outro. Lembro-me de ler uma matéria de jornal sobre uma nova cena musical que estava acontecendo em Londres e de ver fotos daqueles adolescentes de aparência *freak*, com cabelos espetados e coloridos, jaquetas de couro cravejadas de tachas e coturnos, mal-encarados e mostrando os dedos do meio para a câmera. Parecia horrível e muito divertido. A banda sobre a qual a reportagem falava se chamava Sex Pistols, então, naquele mesmo dia, fui até a filial da loja Music Plus da cidade e peguei o álbum da capa espalhafatosa em rosa e verde fluorescentes, que trazia o título soletrado como um bilhete de resgate: *Never Mind the Bollocks, Here's the Sex Pistols!*. Eu não fazia ideia do que era os "putos" (*bollocks*), mas levei o disco para casa e, desde o estrondoso acorde de guitarra de abertura, seguido pelo grunhido petulante e antagônico de Johnny Rotten, fui fisgado. Era exatamente por aquilo que eu estava esperando.

Rotten soava como um moleque que não se importava com o que achavam dele, sua voz, o equivalente sonoro ao dedo do meio que você mostrava para todo mundo que o oprimiu na vida; seus pais, seus professores, os atletas *bullies* na escola, todo mundo que fez você se sentir impotente, e, para um garoto acostumado com as pessoas olhando estranho por conta de um problema de vista, essa atitude de não dar a mínima para o que os outros pensam servia como uma luva. Ouvir os Sex Pistols foi como descobrir instantaneamente quem eu era. Eu era punk. Sabia disso do fundo da minha alma. Não importava se eu tinha ou não um moicano, ou se tocava ou não em uma banda, aquela era a maneira como eu sempre me sentira por dentro. Era uma reação a toda a rejeição que eu recebera desde que fui até aquele playground pela primeira vez, aos cinco anos. "Se vocês não vão me aceitar como eu sou, então não quero ser nada como vocês."

> ## "OUVIR OS SEX PISTOLS FOI COMO DESCOBRIR INSTANTANEAMENTE QUEM EU ERA. EU ERA PUNK. SABIA DISSO DO FUNDO DA MINHA ALMA. NÃO IMPORTAVA SE EU TINHA OU NÃO UM MOICANO, OU SE TOCAVA OU NÃO EM UMA BANDA, AQUELA ERA A MANEIRA COMO EU SEMPRE ME SENTIRA POR DENTRO."

Depois da minha iniciação no punk rock com os Sex Pistols, comecei a buscar minha nova identidade em qualquer lugar onde pudesse encontrá-la. A versão do sul da Califórnia, do novo fenômeno musical, era muito diferente da de Londres, com ênfase na moda e nos piercings no rosto, e da de Nova York, com uma mentalidade de cena artística de vanguarda; a nossa era povoada por jovens suburbanos de classe média entediados e raivosos, que buscavam uma válvula de escape para a sua antipatia e frustração. Atravessando a rua da casa de um dos meus melhores amigos, viviam os irmãos O'Connor, dois moleques arruaceiros que moravam só com a mãe em uma pequena casa de tábuas, e cuja rotina diária consistia em surfar na 26th Street, andar de skate pelos becos e pelas passagens atrás das casas de praia, ouvir punk rock e se meter em encrenca. Graças aos irmãos O'Connor e a todo um elenco de outros punks locais que frequentavam a casa deles para beber latas de Bud o dia todo, entrei em uma dieta regular do melhor que o punk rock tinha a oferecer. Todos os dias eu chegava da escola, ligava o som Panasonic ruim, que confisquei da sala dos meus pais, e ouvia os sons niilistas dos Adolescents, do T.S.O.L. e dos Dead Kennedys, decorando cada palavra e observando as capas dos álbuns para obter dicas de como parecer, me vestir e agir como punk. A trilha sonora da minha vida que ecoava consistentemente nos meus ouvidos, enquanto eu andava de skate pelos becos e pelas colinas íngremes da South Bay, era de raiva e provocação adolescentes. Não tenho certeza do que nos deixava tão raivosos, provavelmente só hormônios hiperativos e um anseio por independência de todas as figuras de autoridade que tentavam continuamente nos domar. Talvez, fosse o tédio suburbano puro e simples, mas a música combinava perfeitamente com a maneira como eu me sentia.

Apenas pelo simples fato de que eu não tinha absolutamente medo algum de parecer estúpido em público, no segundo ano respondi a um anúncio no jornal local de uma banda que estava à procura de vocalista. Eu nunca tinha tentado cantar nem ninguém tinha me dito que minha voz era boa, mas eu sabia que queria muito berrar em um microfone como meus heróis punks e externar parte da raiva que eu acumulara naqueles anos todos. A banda consistia em três caras de Redondo Beach que queriam tocar covers em festas. Sugeri "Clampdown", do Clash, e "Zero Hour", dos Plimsouls. Eles tiraram as músicas e eu levei meu sistema de P.A. alugado na Radio Shack para montar na garagem deles. A microfonia uivou e gritou durante todo o nosso primeiro ensaio, mas depois de dois ou três inícios falsos, debaixo do barulho de estourar os tímpanos das guitarras altas demais, da marcação capenga da bateria e da minha voz de pré-adolescente, começamos a tocar algo que lembrava vagamente uma música propriamente dita. Em um certo momento de destreza de banda de garagem de segundo ano particularmente impressionante, nos entreolhamos e sorrimos. Éramos uma banda.

Isso levou a anos de bandas de festas no quintal, nas quais eu ficava ridiculamente bêbado e me fazia um completo otário, porém, assim como no jardim de infância, isso ajudava as pessoas a ignorar o problema nos meus olhos e me deu popularidade o bastante no campo de batalha do ensino médio para que eu não precisasse ficar sozinho no meu quarto, criando pelos nas mãos. As bandas das quais eu fazia parte tocavam covers daquilo que as pessoas quisessem ouvir, de modo que elas pudessem se pegar, enroscar aparelhos e lutar contra fechos de sutiã no banco traseiro dos carros dos pais mais tarde. Tocávamos punk, músicas de festa e canções estúpidas que eu escrevia sobre namoradas, odiar os professores e surfar.

Depois que a cena punk basicamente implodiu na segunda metade dos anos 1980 e foi dominada por caras do heavy metal de calças de couro apertadas com a bunda de fora, cabelos de mulher e maquiagem, desisti dos meus sonhos de estrelato de rock, fui para a faculdade e tentei decidir o que faria da minha vida. Enquanto gastava meu tempo na San Diego State, surfando e sendo expulso de festas de república, quando voltava à South Bay nos fins de semana, comecei a notar um grupo de garotas que rodava pela cidade em um Mustang Fastback 1965, todas elas gatas, loiras e surfistas, mas a garota que dirigia, de olhos verdes sonolentos, parecia diferente da típica garota surfista de Brian Wilson. Tinha algo de espirituoso nela, sem a mentalidade forçada e alienada de patricinha que algumas outras garotas adotavam para parecer facilmente disponíveis. Toda vez que a via passar dirigindo, pensava que aquela era a garota para mim, que de alguma forma estávamos destinados a ficar juntos, ela só não sabia ainda.

HISTÓRIA DA MINHA VIDA 35

Finalmente fomos apresentados por alguns amigos em comum em uma festa e acabamos caminhando até um parque, onde sentamos e conversamos até os *sprinklers* dispararem, ao que corremos até um tubo de concreto no playground, onde adormecemos juntos. Naquele momento eu não sabia, mas havia também uma outra razão, mais subliminar, pela qual eu me sentia atraído por ela. Ela era inteligente, tinha um humor sarcástico e era linda, mas também muito correta e responsável. Na época em que nos conhecemos, minha vida poderia ter tomado rumos muito diferentes. Eu poderia ter continuado a farrear, conhecido alguma garota punk igualmente autodestrutiva e ter passado a vida em clínicas de reabilitação, na cadeia ou algo pior, mas conhecê-la me fez querer botar minhas coisas em ordem e tentar me tornar algo. Quando ela estava na Universidade da Califórnia, em Santa Barbara, suas colegas de quarto a chamavam de "Mãe", porque ela sempre dizia para tomarem cuidado, se certificava de que ninguém dirigisse bêbado, fazia bolos para os aniversários das pessoas e costurava vestidos. Ela tinha basicamente todos os instintos maternais ajustados muito antes de termos filhos. Hoje, as amigas dela sempre pedem conselhos a ela sobre como lidar com febres e gripes e as diversas alergias e doenças dos filhos, porque elas sabem que a minha esposa já leu todos os livros sobre maternidade disponíveis e é uma enciclopédia ambulante de cuidados com crianças. Isso não poderia ter funcionado melhor para mim, um guerreiro hedonista de fim de semana, já que ela está sempre mantendo meus pés no chão e sabe exatamente o quanto pode me deixar solto até o momento em que eu preciso ser laçado e trazido de volta. Foi também o melhor para a nossa futura família, já que eu sou sem noção e não sei quase nada sobre criar filhos, além do fato de que você tem de dar cinco pratas a eles quando eles pedirem. Se fôssemos Sid e Nancy, as coisas não teriam dado certo para nós.

Com ela como motivação, finalmente consegui começar a ter notas melhores e pude pedir transferência para a Ucla, onde me formei em inglês, língua da qual fiz bom uso quando meu pai conseguiu um emprego para mim depois que me formei, como um representante externo de vendas na indústria de frete aéreo. Vesti terno e gravata, consegui um carro da firma, um plano de aposentadoria, meu próprio cubículo com computador e entrei para o mundo do trabalho. Foi bem nessa época que comecei a ouvir falar que meu vizinho Jason, que morava a uma rua de mim, tinha começado uma banda chamada Pennywise.

Jason Thirsk era vizinho do meu melhor amigo, que praticava *bullying* com ele e seu irmão mais novo, Justin. Sempre gostei de Jason, porque, em vez de provocar seu irmão mais novo como a maioria dos irmãos mais velhos, ele sempre o defendia. Depois, ele se tornaria um cara que todo mundo na South Bay gostava e admirava. Tinha um uniforme-padrão que usava todos os dias, uma bermuda comprida, uma camiseta amarrotada e Doc Martens pretos. Sempre tinha algum apelido enfático celebratório com o qual te cumprimentava ao se aproximar, o meu era um dos mais complicados. Ele me chamava de "Jim-Bo-Billy-Bob Omar Sharif". Não faço ideia de como ele inventou isso, mas eu adorava ouvir esse apelido todas as vezes que o encontrava. Ele ouvia todo tipo de música punk, era capaz de responder qualquer pergunta trivial sobre TV, especialmente as perguntas a respeito de seu amado seriado *Bonanza*, e todas as garotas o amavam incondicionalmente. Era um desses caras adoráveis por completo, o tipo que eu nunca pude ser, e é por isso que eu gostava tanto dele.

O Pennywise vinha tocando junto havia pouco menos de um ano, quando Fletcher, o guitarrista de dois metros de altura e cento e trinta quilos, entrou no bar onde eu estava tocando com uma banda cover e me disse que eles precisavam de um novo vocalista. Fui até o local de ensaio deles, que era uma garagem pequena e detonada, de tábuas, coberta com grafite de skate punk. As janelas zuniam e o lugar todo tremia e balançava com o som da banda tocando lá dentro. Lembro-me de ficar parado na porta, ouvindo e me perguntando se eu deveria entrar. Estava prestes a ir embora quando pensei comigo mesmo que eu jamais me preocupara de parecer estúpido, então poderia muito bem tentar. Não havia como eu saber que, ao abrir a porta daquela caverna de carpete escaldante, eu estava abrindo a porta dos próximos vinte anos da minha vida.

Depois daquele primeiro ensaio na Irena Street, com Fletcher tocando o mais rápido e alto possível, Byron, o baterista, fazendo viradas pela bateria inteira no tempo que a maioria dos bateristas levaria para tocar uma só virada, Jason suando e martelando seu amado baixo Rickenbacker, e eu só tentando acompanhá-los, as coisas começaram a se desenvolver bem rápido para nós. Tocamos em muitas festas de quintal que ficavam cada vez maiores e com mais baderna – geralmente terminavam com um batalhão de carros da polícia chegando com tudo para dispersar a aglomeração. Com a ajuda de um amigo que estava começando seu próprio selo, fizemos nossa primeira gravação em um estúdio minúsculo em Venice Beach, onde os engenheiros de som nos diziam constantemente para parar de zoar e tocar as músicas direito. Um DJ de uma estação de rádio universitária local entregou essas gravações a Brett Gurewitz, o renomado guitarrista e compositor do Bad Religion, que tinha acabado de lançar nosso mais novo álbum favorito, *Suffer*, pela Epitaph Records, um pequeno selo que ele tinha começado com um empréstimo de seu pai. Felizmente, para nós, Brett gostou do que ouviu e assinou um contrato conosco, baseado numa fita cassete que fizemos com nossas músicas novas num *mini-system*. Ainda me lembro de quando Fletcher e Jason foram à minha casa para me dizer que íamos assinar com a Epitaph. Comemoramos e ficamos lá, sentados, incrédulos que alguém daria a quatro moleques delinquentes fodidos de South Bay uma chance de gravar o próprio álbum.

Embora tivéssemos um contrato de gravação, eu ainda precisava manter meu emprego regular, e logo ficou evidente que eu não tinha herdado o talento do meu pai para vendas, uma vez que eu não havia conseguido fechar nenhuma conta nova em três meses. Larguei esse emprego e, enquanto segurava as pontas no bico como cantor de punk rock, encontrei trabalho em uma firma de corretagem publicitária, agendando comerciais de TV que iriam ao ar nos intervalos de episódios de *S.O.S. Malibu* e *Jeopardy!*. À noite, gravávamos nosso primeiro álbum em um pequeno bangalô de um quarto em Hollywood, e fazíamos shows em clubes sujos da Sunset Strip, como o Coconut Teaser e o Anti-Club, onde gangues punk de L.A., Venice e do Valley usavam os shows como campo de batalha para brigas sangrentas. Eu ia para o trabalho na manhã seguinte e contava ao meu chefe sobre como, na noite anterior, tinha sido cercado no banheiro e quase esfaqueado pelos membros de uma gangue, e ele só balançava a cabeça e reclamava com o gerente da equipe, quando eu inseria por engano um comercial durante o programa de TV errado, que ele tinha um "punk como assistente".

Por fim, convenci Jennifer de que deveríamos nos casar, e nós nos mudamos para um apartamento minúsculo, em Hermosa Beach. Depois de mais dois empregos igualmente malsucedidos na indústria da publicidade, e com Jennifer nos ajudando como gerente de equipe de vendas em uma empresa de software, deixei meu emprego regular para poder sair em turnê e arriscar um futuro como vocalista de banda punk em tempo integral. Para um bando de garotos de praia, que cresceram com cerveja e música rápida, ser solto no mundo no interior de uma van Dodge adaptada para sair em turnê significava que, basicamente, nós começaríamos a farra ao partir para o primeiro show, e só pararíamos quando voltássemos pra casa, um mês depois.

Não é difícil ver como, com horas sem fazer nada, esperando para tocar mais tarde, a banda e a equipe de um show de quatro bandas teriam pouco mais a fazer, além de beber quantidades homéricas de álcool e desafiar uns aos outros a fazer façanhas punk ridículas, das quais Fletcher era o grande campeão, com seu truque marca registrada de colocar uma correntinha pelo nariz e tirar pela boca, que fazia com que ele vomitasse de surpresa nos presentes. Nosso contrato nos deu carta branca para continuarmos a agir como jovens punk e irresponsáveis, e, embora nossas músicas fossem gritos de guerra *thoreaunianos* de punk rock inspirados por Minor Threat e 7 Seconds, quando estávamos na estrada era só caos e destruição.

Com Fletcher como nosso líder, ele e seu bando de marujos bêbados alegres destruíam backstages e confrontavam seguranças e autoridades e basicamente qualquer um que tentasse barrar sua diversão. Durante nosso show, o público, às vezes, subia no palco espontaneamente, sem ninguém provocar, quebrando a parede entre banda e plateia, espetáculo que normalmente terminava em algo que, a olhos destreinados, pareceria uma revolta de pequena escala, mas que, na verdade, era só uma celebração bacante da vida e da diversão. Depois, Fletcher adotava um grupo de fãs, com quem talvez destruísse um minimercado ou uma loja de conveniência enquanto abastecia o estoque de cerveja e burritos de micro-ondas, para então voltar ao hotel para detonar mais quartos e provocar seguranças. Dormíamos por algumas horas e então acordávamos para fazer tudo de novo.

Embora as cenas de punk rock, surf e skate tenham passado por um período de vacas magras no fim dos anos 1980, uma ressurgência forte começou a se desenvolver no início dos 1990, quando o Nirvana estourou, e os ases dos esportes radicais Kelly Slater e Tony Hawk começaram a elevar suas modalidades a novos níveis. Quando jovens diretores começaram a usar músicas de bandas de skate punk underground, como nós, NOFX, Rancid, Offspring e Blink 182 como trilha sonora de seus vídeos, vimos nossa popularidade crescer ao redor do mundo. Em nossa segunda turnê, já estávamos tocando para públicos grandes de surfistas, skatistas e punks urbanos por toda a Europa, Austrália e América do Norte, onde quer que houvesse uma cena musical independente saudável acontecendo. Todas as marcas de surf nos queriam usando suas roupas e seus óculos de sol, e, de onde nós tínhamos saído, ser patrocinado significava que você tinha chegado lá, então, quem éramos nós para recusar? Ainda me lembro de estar no palco, em um festival particularmente enorme na Europa, lançar um olhar para Jason e trocarmos expressões de incredulidade que, de algum modo, contra todas as probabilidades, estávamos vivendo nossos sonhos de tocar música para milhares de pessoas, e cada noite parecia uma festa ininterrupta.

Com Jennifer em casa e subindo os degraus da escada corporativa em seu novo emprego, planejamos que, um dia, quando estivéssemos prontos, nos estabeleceríamos e começaríamos uma família, mas, naquela época, eu estava me divertindo demais sendo jovem e despreocupado, viajando pelo mundo, tocando com minha banda punk e vendo o Fletcher vomitar nas pessoas. A ameaça de qualquer tipo de responsabilidade parecia estar a décadas de distância.

QUANDO ELA
ME DISSE QUE
IA ABANDONAR
A PÍLULA, DEVO
TER PROCESSADO
A INFORMAÇÃO
COMO QUALQUER
OUTRA COISA

NA LISTA DIÁRIA DE TAREFAS QUE ELA ME DÁ; EM OUTRAS PALAVRAS, ENTROU POR UM OUVIDO E SAIU PELO OUTRO.

CAPÍTULO 2.

MORNING SICKNESS
RAGING HORMONES
FATIGUE

FESTA NO MARCO ZERO

MADAME WONG'S
WED. JULY 26 8PM

CERTA tarde de verão, eu estava tocando guitarra furiosamente em nossa garagem abafada, tentando criar a quinta música para o nosso álbum seguinte, sem chegar a lugar algum. Vinha trabalhando em uma única música a tarde toda, pensando que eu acabara de inventar o próximo hit de punk rock do verão, quando me dei conta de que era "Sweet Home Alabama", só que tocada muito mais rápido. Olhava para as seis cordas da minha Les Paul, à espera da inspiração, quando, de repente, a porta da garagem se abriu com tudo, me cegando. Jennifer sabe que não se interrompe um gênio da composição quando ele está trabalhando, então, eu já não estava com um humor muito bom. Ela então veio até mim e me entregou o que parecia ser um cartão de aniversário em um envelope amarelo.

A primeira onda de pânico me atingiu, porque pensei que tinha esquecido nosso aniversário de casamento. Rapidamente, comecei a olhar em volta da garagem para os martelos e as chaves no painel de ferramentas para que pudesse confeccionar um presente improvisado para ela, mas era verão e nosso aniversário de casamento era em maio. Sempre me lembro disso, porque nos casamos no fim de semana dos Distúrbios de Los Angeles, em 1992, em uma colina em Palos Verdes, com vista para a cidade (durante a primeira dança, os convidados puderam observar a fumaça subir dos mercados coreanos incendiados abaixo de nós). Abri o envelope, tirei o cartão e li a frente: "Ao novo futuro pai...".

Alguns caras reagem à notícia de que vão ser pais como alguém que acabou de jogar uma torradeira ligada na banheira. Estão em tanta negação, que ficam totalmente putos e querem saber como aquilo foi acontecer, como se não estivessem no mesmo quarto quando a parceira cavalgou neles sem proteção como se fosse um touro mecânico por oito horas. Outros, que já vinham planejando engravidar as esposas, ficam aliviados em saber que todo o sistema de encanamento ainda funciona. Há alguma coisa que faz os caras quererem trocar *high fives*, dançar *moonwalk* e cumprimentar multidões como se tivessem acabado de fazer uma cesta que definiu o jogo ao descobrirem que engravidaram as esposas, quando, na verdade, tudo o que fizeram foi subir e cutucar a namorada pela centésima vez.

Embora estivéssemos planejando ter filhos um dia, sempre pareceu algo para um futuro bem distante. Quando ela me disse que ia abandonar a pílula, devo ter processado a informação como qualquer outra coisa na lista diária de tarefas que ela me dá, enquanto estou tomando meu café e lendo jornal de manhã; em outras palavras, entrou por um ouvido e saiu pelo outro. "Preciso que você leve algumas camisas à lavanderia, pare pra comprar uma caixa de leite, larguei a pílula pra que a gente possa ter filhos logo e a sua vida possa acabar e, ah, não esquece de pagar a conta de telefone."

A notícia me atingiu como um soco inesperado no estômago. Olhando para aquele cartão, tive uma onda de calor e meus joelhos começaram a fraquejar um pouco. Eu não estava pronto para aquilo. Sou vocalista de uma banda punk; não é pra mim que você dá um bebê. Você me dá um microfone e uma lata de cerveja, me coloca dentro de uma van e me manda em turnê pelo resto da vida. Eu não troco fraldas, eu berro provocações com fúria contra o sistema. Nossa banda estava prestes a partir para o Warped Tour e eu tinha pela frente um mês de shows no calor do verão, tocando para milhares de caras suados, sem camisa e cheios de adrenalina, não tinha tempo para enjoos de manhã, aulas de método de Lamaze e adaptar a casa para bebês, quanto menos para crianças. Além disso, eu era a pessoa mais irresponsável que eu conhecia. No ensino médio, fui suspenso da escola três vezes e expulso uma vez. Consegui me formar na faculdade, mas isso só se deu porque lá havia as melhores festas. Tive um total de quatro empregos desde que me formei e acabei pedindo demissão de cada um deles em menos de um ano, e agora passava a maior parte do meu tempo no palco e agindo como um bebê de três anos mimado, reclamando como o mundo não era exatamente como eu queria. Eu não era o retrato de um perfeito pai em treinamento, era um fodido de marca maior.

Ela então me mostrou o pequeno teste caseiro de início de gravidez e me explicou detalhadamente várias vezes, ao que eu solicitava de novo o esclarecimento que as duas linhas azuis significavam que ela estava mesmo grávida e que nós teríamos um bebê dali a nove meses. Minha cabeça começou a disparar, pensando em tudo que vinha junto com aquelas duas linhas, a realidade avassaladora de décadas de responsabilidade à nossa espera e no que tudo isso significava. Afinal, nós dois ainda nos sentíamos como garotos. Até poucos anos antes, nós ainda estávamos no ensino médio, bebendo e festejando todas as noites, indo até Hollywood para ver shows do Social Distortion e do X e dependendo dos pais para tudo o que precisássemos na vida. Será que eu ainda poderia fazer todas as coisas irresponsáveis, inadequadas e indecorosas que eu gostava de fazer? Será que eu viraria republicano? Que diabos estava acontecendo comigo? Como duas linhas fronteiriças entre a nossa vida antiga e a que estava à nossa espera, tão rígidas e confrontadoras quanto aquelas que dividem países e estados, aquele minúsculo par de faixas índigo definia os limites de uma nova fronteira, seccionando as nossas vidas em duas partes bem definidas, os anos passados e os anos que se passariam depois de ter filhos.

"SERÁ QUE EU AINDA PODERIA FAZER TODAS AS COISAS IRRESPONSÁVEIS, INADEQUADAS E INDECOROSAS QUE EU GOSTAVA DE FAZER? SERÁ QUE EU VIRARIA REPUBLICANO? QUE DIABOS ESTAVA ACONTECENDO COMIGO?"

COMECE A ESPALHAR A NOTÍCIA

Depois de ambos termos digerido os resultados do teste e de, no dia seguinte, o médico ter confirmado que, sim, nós teríamos um bebê dali a nove meses, é claro que a primeira coisa que quisemos fazer foi começar a contar às pessoas, começando por nossos pais. A maioria dos pais não vai se conter de alegria e vai surtar, chorar e causar um grande espetáculo, e, se isso acontecer com os seus, pode se considerar uma pessoa de sorte, porque basicamente garante que você vai ter serviços ilimitados de babá pelo tempo que precisar. Meus pais, por outro lado, tinham acabado de passar pela experiência infernal, maravilhosa e recompensadora de criar minha irmã e eu, e provavelmente se sentiam sortudos de terem saído do outro lado com relativa sanidade e alguns dólares restantes no banco. Certa noite de semana, quando eu estava no segundo ano do ensino médio, minha mãe me pegou tentando me esgueirar bêbado sem ser visto para o meu quarto às cinco da manhã, depois de ter passado a noite inteira em um show, em Hollywood. Como o vocalista do Social Distortion, Mike Ness, com delineador pesado nos olhos, era a minha mais recente inspiração, eu tinha tingido meu cabelo de preto e usado claras de ovos para espetá-lo, e estava com maquiagem preta gótica escorrendo pelo rosto. Quando ela entrou no meu quarto para ver como eu estava, em vez de encontrar seu pequeno querubim debaixo das cobertas para o próximo dia de aula, ela se deparou com uma espécie de menino-zumbi adolescente, pós-apocalíptico e pré-pubescente, rindo de bêbado e pendurado na janela. Ela bateu os olhos em mim, berrou "EU CRIEI UM PAR DE ABERRAÇÕES!" e correu dali aos prantos.

Assim, embora tenham ficado cautelosamente felizes com nosso grande anúncio, ambos sabiam bem até demais no que nós estávamos nos metendo. É provável que tampouco estivessem muito eletrizados em serem forçados prematuramente ao título de avós. Quando ouviram a notícia, tenho certeza de que se imaginaram curvados em andadores, vestindo conjuntos de poliéster, pedindo iscas de peixe e um prato de gelatina no menu para idosos do Denny's. Eles também podem ter se dado conta, de repente, de que depois de terem finalmente me soltado na sociedade e transformado meu antigo quarto em uma academia, agora teriam netos com quem lidar e se preocupar. Portanto, considerado o que eu os fiz passar, deixei minha mãe chamar a si mesma de "Vovó" e tentei não me chatear quando meu pai não usou o porta-copos escrito "Melhor Vovô do Mundo", que dei a ele logo de cara.

Quando se trata de contar aos amigos, há uma ordem precisa a seguir, porque caso seu bom amigo fique sabendo antes de seu melhor amigo, seu melhor amigo ficará puto. Se essa pessoa ouvir do cara da loja de skate que você vai ter um filho, ela pode não dizer nada, mas, por dentro, você está morto pra ela. Nossos amigos que já tinham filhos ficaram felizes por nós, porque agora teriam com quem trocar histórias sobre fraldas, mas percebemos que alguns dos demais não tiveram o mesmo entusiasmo com a notícia. Nossa graduação para pais forçou alguns deles a fazer um balanço involuntário da própria vida, em especial aqueles que tinham o tipo de pais que cobram constantemente quando eles vão casar e dar-lhes alguns netos. Alguns dos meus amigos provavelmente se preocuparam com a ideia de que talvez estivessem perdendo um parceiro de bebedeira para uma vida de fraldas sujas, grupos de pais e parquinhos. Para eles, era como se eu tivesse dito que íamos nos mudar para o Alasca, porque, mesmo com as promessas de que escreveríamos, eles sabiam que teriam sorte se sequer nos vissem nos períodos entre festas de aniversário, viagens à Disneylândia e recitais de piano.

Não estou certo também de como meus colegas de banda receberam a notícia, porque, convenhamos, ser pai não é muito punk rock. O punk tem de ser sobre niilismo, e niilismo e paternidade não andam exatamente de mãos dadas. Tornar-se pai significa que você tem, na verdade, de se preocupar com algo e começar a assumir responsabilidades, ao passo que punk rock tem a ver com cagar e andar para tudo. Estou certo de que eles ficaram preocupados com como eu manteria minha atitude punk rock ao empurrar um carrinho de bebê e carregar uma bolsa de fraldas. Eles provavelmente também ficaram com medo de que esse desdobramento colocasse limitações bastante rígidas na quantidade de tempo que eu poderia sair em turnê, se precisasse ficar em casa dando colheradas de purê de cenoura na boca do bebê. Embora ninguém tenha dado a entender, tenho certeza de que eles se perguntaram se eu me tornar pai não me faria perder a dianteira. O que aconteceria com a nossa imagem de durões se eu desse moshs com um filho de um ano de pijama do Ursinho Puff?

No entanto, tentei não deixar a reação de ninguém me afetar, especialmente a daqueles que ouviram a notícia, deram de ombros e me pediram para passar o amendoim. Era uma coisa minha e eu não podia controlar o que as outras pessoas pensavam disso. Só tentei seguir a regra de ouro: "Trate os outros da maneira como você gostaria que os outros lhe tratassem, e, se ainda assim eles tiverem algum problema, que se danem". Para o camarada que diz que está preocupado em perder o copiloto, você leva uma cerveja gelada e explica que o "novo" você vai ser o mesmo que o "velho" você, exceto que o "novo" você pode ter um bebê pendurado no peito e baba escorrendo do ombro. Se ele ainda reclamar, compre um taco macio pra ele e diga pra deixar de ser bunda-mole.

NÁUSEA

No que dizia respeito à gravidez, eu não sabia quase nada do que esperar, exceto pelo que se via em programas de TV. Imaginei cenas de sitcom, com a minha esposa se tornando uma espécie de megera infernal inchada, com os hormônios a mil, vomitando como um *sprinkler* de jardim depois de comer picles e sorvete o dia inteiro, e parecendo que engoliu uma bola gigante de praia. Logo descobri que os sinais físicos da gravidez são diferentes para a maioria das mulheres. Algumas passam pela gravidez inteira como uma daquelas corredoras de longa distância que, ao cruzar a linha de chegada, parecem tão felizes e enérgicas quanto estavam no início, ao passo que outras parecem que desmaiaram na corrida e cagaram nos shorts. A esposa de um dos meus melhores amigos vomitava praticamente o tempo inteiro. Só de você mencionar coisas como "pizza de pepperoni" ou "sanduíche de mortadela" em uma conversa, ela já abria discretamente a bolsa e mandava ver ali dentro. Jennifer não vomitou tanto assim, mas sentiu-se cansada, dolorida e vagamente nauseada durante todo o primeiro trimestre. Ela também ficou tão esquecida, que perdeu consultas médicas, as chaves do carro e, depois, sentia-se muito agitada e tirava uma soneca em qualquer lugar.

Dois sintomas que Jennifer manifestou foram desejos por comidas aleatórias e paladar e olfato aguçados. Ela conseguia sentir o cheiro de uma lata de atum que alguém abria em um CEP diferente do nosso e já começava a ter ânsia de vômito. Houve vezes em que estávamos vendo um comercial na TV e, de repente, ela tinha uma fome voraz por salada de frango chinesa ou um pote de sorvete de massa de bolacha. Eu tentava não argumentar ou reclamar quando, tarde da noite, ela precisava que eu levantasse da cama, me vestisse e dirigisse até o Taco Bell para pegar um burrito de feijão e queijo com sour cream, com instruções específicas de que não houvesse absolutamente nada de cebola, porque "se eu vir ou sentir o cheiro de cebola, até se eu pensar muito tempo no cheiro de cebola, vou vomitar". Tentei ver essas oportunidades como uma maneira de obter alguns pontos de marido do ano, dos quais eu poderia pegar a recompensa em uma data futura, e, se a minha barriga aumentasse um pouco, as pessoas poderiam pensar que eu estava tendo uma gravidez de consideração e dizer que eu era um cara fofo por fazer aquilo.

Aparentemente, alguns dos outros sinais físicos podem incluir, mas não se resumir a câimbra nas pernas, dor nas costas, constipação, hemorroida, seios doloridos e inchados, calcanhares inchados, irritações na pele, coceira, dores de cabeça e no corpo, necessidade constante de urinar, corrimento vaginal, sonhos vívidos com frequência, retenção de líquido e inchaço, gases, sangramento nas gengivas, ondas de calor, veias de aranha, falta de ar em geral e fadiga. Mulheres grávidas também se preocupam com as coisas maravilhosas que podem acontecer depois do parto, tais como estrias, seios flácidos e murchos, e se a pepeca delas voltará à elasticidade de antes, depois de ter sido alargada como uma daquelas mulheres de tribos africanas que metem pratos de jantar nos lábios. Como Jennifer teve de sofrer todos os sintomas glamourosos e as ansiedades debilitantes da gravidez, pelos quais naveguei como se estivesse de férias no Caribe, não surpreende que por vezes ela tenha parecido um pouco mal-humorada.

Eu tinha ouvido todas as histórias de terror que diziam que, para alguns caras, a gravidez pode parecer uma festa de TPM de nove meses de duração. O termo "montanha-russa emocional" há de ter sido cunhado por um futuro pai, tentando com destreza negociar as reviravoltas, as curvas e os loops em marcha a ré da gravidez, provavelmente um cara que já desviou de um cinzeiro atirado contra sua cabeça por uma mulher cercada de caixas de Kleenex e macadâmias cobertas com chocolate. Para a minha sorte, minha esposa estava tão feliz por estar prestes a se tornar a mãe que sempre quis ser, que não teve muitos surtos de quebrar vidros ou ataques de nervos. Passou a maior parte do tempo lendo livros sobre cuidados com crianças e maternidade e se preparando para o grande dia. Porém, houve algumas vezes em que eu estava no sofá só cuidando da minha vida e de repente ela aparecia incrivelmente puta da vida, dizendo que eu tinha me esquecido de levar o lixo para fora de novo e agora a casa toda estava fedendo e que eu era um desgraçado preguiçoso. Eu tentava não dizer a ela que eram só seus hormônios falando, não só porque isso era a última coisa que ela queria ouvir, mas também porque a verdade era que eu tinha sido, sim, um desgraçado preguiçoso e me esquecido de tirar o lixo. No geral, ela só queria um pouco mais de encorajamento e de ajuda para subir as escadas e o ocasional reconforto de que ela ainda estava bonita e que eu não ia deixá-la agora que ela parecia uma bola de boliche gigante com calças elásticas.

SEXO

A outra maneira com que os hormônios afetaram Jennifer foi bagunçando a libido dela, e indiretamente a minha. Em vários momentos da gravidez, ela não queria saber de mim, e de repente se transformava em uma estrela pornô insaciável. Não rolava nada por semanas, porque ela não estava no clima quando se sentia enjoada ou fatigada o tempo todo, e de repente eu acordava pela manhã com o que parecia ser minha esposa agarrada num peru de Natal, quicando em cima de mim. Para a maioria dos caras, o sexo nas etapas tardias da gravidez pode ser meio desconcertante. Nos últimos meses, ela estava ávida por isso, mas tudo o que eu conseguia pensar era que meu futuro filho estava ali, a poucos centímetros de distância da ação, e alguma coisa parecia vagamente... bem, *errada* quanto àquilo. Tentava me lembrar que, dentro de algumas semanas, eu teria menos que nenhuma sacanagem por um longo tempo, então provavelmente devesse aproveitar agora, mesmo se realmente parecesse que eu estava sendo romântico com uma melancia grande e quentinha.

INDO AO OBSTETRA

Minha primeira tarefa oficial como papai punk foi acompanhar minha esposa nas consultas iniciais com o obstetra/ginecologista. Essas rápidas visitas ao médico da anatomia feminina pareciam que duravam uma vida inteira, porque tudo está pintado de uma cor rosa-pálido e há imagens de flores por todo lugar e eu sempre me senti um pouco enjoado só de estar lá. Eu era geralmente o único e solitário homem na sala de espera, cercado de mulheres violentamente grávidas e com aflições da vagina, que eu imaginava que olhassem para homens como eu como a fonte de todo seu sofrimento. É um pouco desconcertante para um cara estar em um lugar em que se encontra cercado por diagramas de mais de um metro e oitenta de vaginas abertas e modelos tridimensionais em tamanho real de úteros ao seu lado na mesinha, entre as edições jogadas da revista *Woman's World*. Você sempre acha que pode virar em um canto e dar de cara com a porta aberta de uma sala onde alguma velha senhora da sua rua vai estar de pernas abertas em cima de uma mesa de exame, ao que você desmaia e depois acorda com amnésia retrógrada.

Embora a maioria dos médicos com quem lidei na vida tenham sido muito legais e agradáveis, é difícil para mim não pensar que todos eles nos veem como conjuntos ambulantes de sintomas e diagnósticos. Não sou Jim, o cara legal, o músico, que tem três filhas, sou estrábico, com psoríase, com rinite alérgica, histórico familiar cardíaco terrível e refluxo. Eles só tomam anotações para ver o quão similares meus sintomas são aos das últimas trinta pessoas que atenderam, e se meu caso é peculiar o bastante para ganhar um "pobre diabo" bem-humorado durante a próxima partida de golfe com os outros médicos.

Minha esposa e eu temos dificuldade de ir a consultórios de maneira geral, porque assistimos a reportagens investigativas demais na TV, daquelas em que um paciente vai para o hospital com uma tosse chatinha e de algum modo contrai uma infecção por estafilococos de nível dez e tem a perna errada amputada, então, agora nós dois somos os loucos paranoicos dos germes. Sempre que entramos em uma sala de espera de consultório médico, tratamos o local como se tivéssemos sido deixados em uma ilha de leprosos e usamos roupas o suficiente para uma expedição no Ártico, de forma que nenhuma partícula de vírus carnívoro transportada pelo ar ou doença da vaca louca pouse inadvertidamente em pele exposta. Abro a porta com a manga sobre a mão e pego a caneta para assinar o formulário do mesmo jeito, incitando olhares desdenhosos da equipe de enfermagem. Nós dois tentamos não respirar de jeito nenhum na sala de espera nem olhamos para os outros pacientes, com medo de pegar algum tipo de peste negra transmissível por contato visual casual.

Apesar de eu ser um louco dos germes absurdo, uma vez que entro no consultório, não consigo evitar explorá-lo todo, testando todos os equipamentos, abrindo gavetas e vendo que tipo de ferramentas de fórceps e lobotomia podem estar por ali. Também não consigo evitar abrir os cestos de resíduos tóxicos, com a palavra "Perigo" escrita em vermelho gritante, só para ver se há algum feto abortado ou metade de gêmeos siameses tentando escapar. Com esse tipo de neurose rolando durante nossas visitas ao médico, não surpreende que estivéssemos preocupados com quais horrores nos aguardavam no consultório do obstetra/ginecologista.

Para a nossa sorte, não poderíamos ter pedido uma obstetra melhor para um casal assustado como nós. Era uma pequena mulher indiana que devia ser a reencarnação da parteira do bebê Buda, porque ela sabia cada detalhe possível sobre partos e nos deu as respostas para as nossas longas rodadas de perguntas paranoicas com uma paciência e um cuidado incríveis. Minha esposa poderia perguntar o que aconteceria se o bebê saísse com o rosto do avesso e a médica responderia com calma que isso raramente acontecia, que não era algo com que se preocupar e que tudo sairia bem. Ela simplesmente aguardava pela nossa próxima pergunta idiota, sabendo que a única coisa que acalmaria nossos nervos frágeis seria se ela respondesse todas as nossas dúvidas cada vez mais sem noção como se elas fossem completamente válidas.

Nossa segunda obstetra era meio maluca e cansada, com a aparência estafada de alguém que já encarou vaginas malcuidadas demais. Ela foi uma das poucas que não me olhou feio quando cheguei no consultório sem tomar banho e desarrumado, usando minha camiseta do Black Flag com o desenho do Pettibon de um dedo do meio em riste. Foi a médica mais *laissez-faire* que já conheci, como se já tivesse feito o parto de tantos bebês e experimentado tantos tipos diferentes desse procedimento, que não ficaria nada surpresa se o bebê viesse com uma barba cheia, de terno branco e cantando músicas dos Bee Gees. Ela tinha visto tudo duas vezes, e nada a abalava. Nós novamente tínhamos mil perguntas bobas, diante das quais ela só meio que dava de ombros, como se quisesse dizer "Bom, se isso acontecer, vou buscar um sanduíche de peito de peru para o almoço, em vez de sopa, de tanta diferença que vai fazer para mim". O jeito relaxado dela com os pacientes, de novo, amenizou nossa paranoia, o que provavelmente era o seu plano desde o início.

Para mim, a consulta na qual era mais importante eu estar presente era a do exame de ultrassom, na qual usaram uma varinha mágica para produzir eletronicamente imagens em um monitor do que estava acontecendo dentro do útero da minha mulher. Isso nos deu a chance de ver a imagem imperfeita, trêmula e cinzenta que deveria ser do nosso bebê, mas que para mim parecia um xerox malfeito e em preto e branco do mapa-múndi, com o bebê parecendo algo como a Rússia ou a China. Só fingi que estava vendo o que elas viam. "Ah, aquela pequena forma circular branca é a perna dela? Bom, ela definitivamente não vai ser jogadora de basquete! Ah, olha, querida, ela tem os seus olhos. Eu sempre disse que os seus olhos parecem duas fendas bulbosas trêmulas."

"O ULTRASSOM NOS DEU A CHANCE DE VER A IMAGEM IMPERFEITA, TRÊMULA E CINZENTA QUE DEVERIA SER DO NOSSO BEBÊ, MAS QUE PARECIA UM XEROX MALFEITO E EM PRETO E BRANCO DO MAPA-MÚNDI, COM O BEBÊ PARECENDO ALGO COMO A RÚSSIA OU A CHINA."

Outro propósito do ultrassom (além de me confundir ao me fazer pensar que daríamos à luz um tipo de teste de Rorschach) era examinar para descobrir se teríamos um menino ou uma menina, nossos próprios pequenos Deborah Harry ou Dee Dee Ramone. Quisemos descobrir com antecedência só para saber de que cor pintar o quarto do bebê e que tipo de roupas comprar, e também para nos poupar de qualquer tipo de ação inesperada na sala de parto, se não recebêssemos o que estávamos secretamente esperando. Eu não queria que a criança saísse e as primeiras palavras que ouvisse fossem "Ah, merda!".

Eu fiquei aliviado principalmente em saber que o feto em desenvolvimento tinha todos os membros nos lugares certos e não tinha chifres de demônio saindo na cabeça. Assim, quando eles nos disseram que parecia ser uma menina, mal fez diferença, contanto que tudo estivesse normal. Alguns caras com problemas de insegurança masculina pensam que, a menos que tenham meninos, os outros caras vão achar que eles são menos homem e vão tirar sarro deles, e são burros demais para se dar conta de que ter essas inseguranças na verdade prova o ponto. Os homens têm milhões de espermatozoides X e Y correndo pelos sacos deles, e qual deles você vai tirar é totalmente uma grande rodada cósmica da roleta do gênero. Se só caras machões tivessem meninos, então o planeta se pareceria com um gigantesco bar gay de West Hollywood. Acho que ficar feliz com o fato de que você terá uma criança saudável prova que você é homem, e ficar deprimido e mal-humorado porque não teve um menino te faz um bebê chorão. Isso, é claro, vindo de um cara com três filhas.

Quando acompanhei Jennifer às consultas pré-natais, isso mostrou ao mundo que, embora eu fosse um sociopata do punk rock, pretendia fazer as coisas certas e me envolver na gravidez, mas, às vezes, ver a minha mulher com as pernas abertas sobre a mesa de exame com a médica sentada entre elas feito um mecânico verificando o motor de um velho Ford chegou a me assustar. É meio como se você estivesse passando por um exame retal e o médico estivesse com dois dedos bem fundo no lugar onde nenhuma pessoa com quem você não esteja romanticamente envolvido jamais deveria estar com dois dedos, e você olhasse para o lado e visse sua mulher sentada ali mandando um sorrisinho pra você. Você se sentiria um pouco autoconsciente demais, a menos, é claro, que curta esse tipo de coisa. Eu queria me manter envolvido, mas não tão curioso a ponto de a médica precisar me tirar da frente para examinar o colo do útero da minha mulher. Contentei-me em sentar a vários metros de distância, em uma cadeira perto da porta, ao lado da escultura gigante de lábios vaginais no canto.

PARANOIA DEMAIS

Tínhamos, então, compartilhado as boas-novas com nossos amigos e familiares e sobrevivido às primeiras consultas com a obstetra, e Jennifer e eu sentávamos no sofá do nosso apartamento minúsculo só tentando nos acostumar com a ideia de que logo teríamos uma criança lá conosco, nossa pequena criaturinha indefesa que seria a nossa cara, comeria ervilhas-tortas, faria cocô, diria coisas bonitinhas, nos amaria incondicionalmente e contaria conosco para provê-la de tudo o que precisasse na vida. Foi bem nesse período que a sombra gigantesca da ansiedade chegou e começou a pairar sobre nós, dia e noite. Antes disso, eu sempre fora bem tranquilo e tentara não levar as coisas da vida muito a sério, mas me peguei ficando cada vez mais preocupado com como isso de ser pai afetaria meu estilo de vida antes irresponsável, independente e punk rock.

Muitos caras da geração do punk têm problemas bem sérios com seus pais, alguns reprimidos e não ditos, enquanto outros podem estar bem ali na superfície, segurando uma lata de Bud e lhe dizendo que perdedor você se tornou. Se você for um dos sortudos, seu pai foi um grande cara com quem você jogava bola no quintal todo dia quando ele voltava do trabalho e teve ótimas conversas de pai e filho em uma canoa em algum lago plácido. As chances são um pouco maiores de ele ter sido ou um alcóolatra flagrantemente abusivo ou ausente por completo, tanto física quanto emocionalmente. Você nunca sabe se vai ter um pai como Ward Cleaver ou um que aperta a bunda da sua namorada e rouba sua maconha.

Assim, logo de cara, fiquei um pouco preocupado com o tipo de pai que eu me tornaria. Durante a minha infância, causei a morte prematura de um bom tanto de hamsters e peixinhos devido à negligência, e imaginei se eu teria de ficar constantemente me perguntando se lembrei de dar comida para as crianças ao longo do dia. Que tipo de modelo eu seria para os meus filhos, se normalmente eu acordava toda segunda-feira me sentindo culpado e envergonhado do quão babaca eu tinha sido durante o fim de semana? Eu mesmo ainda agia como uma criança crescida, comendo Fruit Loops de café da manhã e assistindo a desenho animado, e ainda achava que fazer barulho de peido com o braço era engraçado. Será que eu seria capaz de ensinar os meus filhos a distinguir o certo do errado, ainda mais que eu mesmo mal sabia a diferença e escolhia regularmente o lado errado, quando escolhia?

"E QUANDO ELES ME PERGUNTASSEM SOBRE COMO OS BEBÊS SÃO FEITOS? NÃO É PERMITIDO SÓ ALUGAR UM PORNÔ PARA ELES VEREM E DESCOBRIREM SOZINHOS? NÃO HAVIA UM MANUAL DE INSTRUÇÕES PRA ESSE TIPO DE COISA?"

Eu também estava preocupado com o tipo de mundo a que minha filha viria. Vivemos no sul da Califórnia, a meia hora a sudoeste de Hollywood, lar da população mais superficial, obcecada por aparência e rasa do planeta, onde, se você tem uma falha ou marca microscópica no rosto, corre de imediato para o cirurgião plástico para tacar laser, botox e ter o sinal eviscerado, até que todo mundo na rua pareça uma versão humana de uma Barbie ou Ken repuxados. Ninguém com o meu DNA seria capaz de competir em um ambiente desses. Será que a minha filha conseguiria afiar e aperfeiçoar uma atitude de "Foda-se o Mundo" cuidadosamente cultivada como mecanismo de defesa, como eu havia feito, só para lidar com o escrutínio constante do esquadrão da moda?

PREOCUPAÇÕES COM DINHEIRO

A causa de preocupação seguinte foi, é claro, dinheiro. Crianças não custam pouco. Há roupas para comprar, que vão ficar curtas em um mês, comidas para dar, que elas vão morder duas vezes e recusar o resto, contas médicas das seis mil gripes e vírus diferentes que elas vão pegar na piscina de germes de uma escola cujas mensalidades você está pagando, sem falar nos milhares de presentes de Natal e aniversário cujos valores parecem aumentar exponencialmente a cada ano. Há também o custo astronômico de mandá-las para a faculdade, onde elas vão participar de concursos de *beer bong* e fornicar loucamente com gente do país todo e contrair DSTs, e depois, se você for sortudo como eu, vai ter de pagar por três casamentos chiques. Quando comecei a fazer as contas do quanto custava criar um filho, não pude mais fingir que poderia me aposentar aos quarenta vendendo alguns dos meus discos de vinil no eBay.

Agora, que eu era um músico profissional completamente não profissional, o estresse quanto ao dinheiro veio quando me dei conta de que ser vocalista de uma banda de punk rock não me garantia um futuro financeiro dos mais estáveis. Gravadoras não te dão planos de aposentadoria, convênios médicos ou *stock options*, então, eu sempre tive de me preocupar com o quão cedo ou tarde as vendas dos nossos discos iam secar e as pessoas parariam de ir aos nossos shows, e o nosso selo e os nossos agentes, tão felizes em fazer dinheiro em cima da gente durante os pontos altos da nossa carreira, nos mandariam para a sarjeta sem cerimônia. Seríamos capazes de continuar tocando com sessenta anos e fazendo turnês pelo país como uma banda nostálgica, para que todos os velhos punks possam se reunir e se surrar na roda com seus andadores e suas cadeiras de rodas, ou a próxima moda de música eletrônica techno vai dominar e empurrar a cena punk involuntariamente para a obscuridade? Como qualquer outro pai de emprego apertado, que imagina se irá encontrar um aviso cor-de-rosa em sua mesa em uma segunda-feira de manhã, a segurança do meu trabalho era outra coisa que me fazia perder o sono à noite, observando o teto de olhos bem abertos e apertando os lençóis com toda força até o amanhecer.

Além disso, lá no fundo da minha mente eu pensava em como iria limpar o meu estilo de vida vergonhosamente desregrado com a saúde. Ao longo dos anos 1980 e pela maior parte dos 1990, minha dieta consistiu principalmente em fast-food, donuts, batatinhas cor de laranja fluorescente, *mac and cheese* instantâneo e burritos de micro--ondas. Eu ia para algum show à noite e bebia quantas doses de rum com Coca que conseguisse botar pra dentro, e depois finalizava no Oki Dog, com um enorme burrito *chili dog* com queijo como lanche da madrugada. Quando começamos a sair em turnê, só nos alimentávamos de pizza e cerveja no jantar toda noite por um mês. Eu nunca corria ou malhava, pensando que algumas voltas em torno da roda punk ou uma caminhada ligeira até a máquina de comprar cigarros me dariam todo exercício que eu precisava, e que ir à academia era coisa de *yuppie*.

Comecei a fumar quando tinha cerca de dezoito anos, confundindo isso com algo que só as pessoas incrivelmente descoladas faziam. Agora que eu estava prestes a ter filhos, não queria que eles chegassem com um terceiro olho pedindo por um maço de Camel Light. Tampouco queria colaborar para que eles levassem uma vida de bronquite, se eu fumasse compulsivamente perto do berço, ou que precisássemos de um ventilador no carro ao levá-los para os jogos da escola. Embora o estilo de vida punk rock tenha sempre defendido uma dieta regular de cerveja e cigarros, e eu sempre vá desejar mais um trago longo e satisfatório de um Marlboro mentolado, ter enfisema é, aparentemente, como ser sufocado muito lentamente por um período de dez anos. Cirrose hepática também não é lá muito divertida, até onde fiquei sabendo. "Live Fast, Die Young" é uma música ótima, mas, na prática, isso não é tão legal. Por mais recompensador que fosse comer, beber e fumar o que eu quisesse, eu não queria que meus filhos passassem a adolescência me visitando na ala cardiopulmonar do hospital, e fiquei preocupado que, se eu não me limpasse logo, em nove meses nós déssemos à luz ao Vingador Tóxico.

Assim, com toda essa disfunção em meu passado e as necessidades econômicas para criar uma criança, comecei a me perguntar se estaria à altura do desafio. Sim, eu estaria, decidi. Infelizmente, não havia muita escolha. Eu teria de me transformar no superpai. Eu trabalharia duro, me envolveria no crescimento das minhas filhas e daria surras em qualquer um que olhasse torto para elas. Sairia em turnê, faria shows e então voltaria para casa e colocaria as crianças na cama à noite e expulsaria os monstros de dentro do guarda-roupa. Eu precisava entrar no modo guerreiro. Armado com o amor e a confiança da minha devotada esposa e alguns pacotes de lencinhos umedecidos, eu seria capaz de superar qualquer coisa. Ensinaria minhas filhas a serem elas mesmas pequenas guerreiras, mas guerreiras que ouvem Iggy Pop e leem Nietzsche e Voltaire. Não vai ser fácil, mas pais têm sido bem-sucedidos nisso há anos, e, por alguma razão, continuam fazendo isso em uma frequência alarmante, então, não deve ser de todo ruim. As crianças podem me detestar a partir dos dez anos de idade, não importa o que eu faça, mas um dia elas poderão ter seus próprios filhos e se dar conta do herói que fui. Ou é isso ou elas terão de esperar para descobrir o que planejo deixar para elas no meu testamento, e caso eu não gaste tudo para pagar a faculdade, as bicicletas novas e a terapia, talvez, então, elas finalmente me apreciem.

"POR MAIS RECOMPENSADOR QUE FOSSE COMER, BEBER E FUMAR O QUE EU QUISESSE, EU NÃO QUERIA QUE MEUS FILHOS PASSASSEM A ADOLESCÊNCIA ME VISITANDO NA ALA CARDIOPULMONAR DO HOSPITAL."

HISTÓRIA DA MINHA VIDA, PARTE 2

O ano em que descobri que seria pai pela primeira vez acabou sendo o mais tumultuado da minha vida. Duas das pequenas bandas underground com quem fazíamos shows havia anos, Green Day e Offspring, estouraram de repente e começaram a vender milhões de álbuns. Nossa pequena cena punk underground foi tema de reportagens de capa sobre "O Ano em Que o Punk Estourou"[1], e subitamente todos nós estávamos sob um escrutínio da indústria da mídia o qual nunca pedimos. Começáramos como uma banda punk pequena, sem planos para o futuro, a não ser tocar para alguns amigos em festas caseiras, e agora havia gravadoras e agentes esperando que nós vendêssemos milhões de álbuns. Havia ainda a pressão dos nossos fãs e dos críticos da cena punk para que não nos vendêssemos. Da nossa parte, só queríamos tocar e nos divertir. Entramos em estúdio e gravamos um novo álbum, nos perguntando aonde diabos tudo aquilo nos levaria.

Depois que o nosso terceiro álbum foi lançado e nós estávamos começando a nos estabelecer em uma rotina de compor álbuns, gravar e sair em turnê, em meio à cena punk que se expandia recentemente, começamos a perceber que Jason estava tendo mais dificuldade em encerrar a farra quando a turnê acabava. Vindos de uma cidade festeira de dois quilômetros quadrados, que bebe mais Budweiser *per capita* do que a maioria dos países pequenos, era difícil para nós não notar se um de nós estivesse desenvolvendo um problema. Quando Jason finalmente concordou que precisava de ajuda para lidar com isso, ele me ligou e disse que estava contente em ter tomado a decisão de entrar em tratamento e que as pessoas lá o haviam convencido que ele não viveria muito, se voltasse a beber como bebia. Ele estava ansioso para voltar a compor e a viajar com a banda, e eu nunca o ouvi soar tão feliz.

---

1 Referência ao título do documentário "1991: The Year Punk Broke", de Dave Markey, lançado em 1992. (N. do T.)

O problema era que nenhum de nós da banda era conselheiro do A.A. ou sabia como lidar com o problema dele, e cair direto na estrada com todo mundo bebendo e festejando toda noite se mostrou o último lugar em que Jason deveria estar. Não demorou muito, depois de a turnê começar, para que ele caísse nos velhos hábitos de novo. Para nós, era incrivelmente difícil entender, porque ele era um cara que adorava muito se divertir, e ninguém queria botá-lo pra baixo em sua diversão, mas já que estávamos preocupados com a sua saúde, decidimos que ele deveria ou concordar em parar de beber de novo, para seu próprio bem, ou ir para casa e lidar com o problema. Todos pensamos que estávamos fazendo a melhor coisa para ele. No dia seguinte, ele fez as malas, chamou um táxi e foi para o aeroporto.

Pedimos ao nosso amigo Randy para substituí-lo no baixo e saímos no Warped Tour pela primeira vez, na esperança de que Jason conseguisse a ajuda de que precisava. Imaginei que quando ele estivesse pronto, voltaria à banda, nós passaríamos Randy para segunda guitarra e tudo voltaria ao normal. Era nosso melhor momento: a cena punk estava viva e vibrante novamente, com mais e mais bandas surgindo a cada dia, eu estava animado em ser pai logo e começar minha própria família. Tudo parecia promissor.

Estávamos na estrada com o Warped Tour quando, certa noite, decidi que seria bom ligar para o Jason e ver como ele estava, avisá-lo que assim que ele se sentisse pronto, deveria voltar para a estrada com a gente e começar a compor de novo. Depois, voltaríamos a fazer nossas turnês e a nos divertir como sempre. Era tarde e eu não conseguia achar um telefone, então decidi esperar até o dia seguinte para ligar para ele, quando teríamos folga e iríamos para um hotel. Quando chegamos ao hotel na noite seguinte, Fletcher entrou no ônibus, enquanto nós estávamos arrumando nossas coisas, esperando pelo check-in, e nos disse que Jason tinha sido encontrado morto, com um tiro autoinfligido.

Voltamos para casa de avião e fomos ao funeral desnorteados. Sentados na arquibancada do campo de baseball, onde todos nós jogávamos quando crianças, ouvindo amigos e familiares falarem sobre como ele era um grande cara, nada daquilo parecia real. Retornamos para o Warped Tour e tocamos para um público enorme, nos sentindo como se nossos corações tivessem sido arrancados do peito. Eu sentia que não devíamos continuar a tocar, já que Jason era a alma da banda e a razão pela qual eu tinha entrado no grupo, mas nós não sabíamos mais o que fazer, então, simplesmente seguimos em frente. Não tive tempo de parar e processar o que tinha acontecido. Ao mesmo tempo, estava lidando com o fato de estar prestes a me tornar pai pela primeira vez, e todas essas pressões e emoções conflitantes pareciam estar me encurralando. Houve momentos em que eu apenas pegava minha guitarra e tocava até meus dedos sangrarem.

Provavelmente, a única coisa que me fez suportar isso foi saber que, em alguns meses, eu começaria uma família e precisava estar pronto para isso, mesmo que, no fundo, tudo parecesse estar girando fora de controle. Às vezes, eu imaginava que ser pai seria a parte fácil, e que lidar com todo o resto é que seria opressivo, mas não havia tempo para focar nisso. Eu tinha, de algum modo, de me preparar para aquilo em que estava entrando, embora, na época, eu não fizesse ideia.

ODEIO A MINHA ESCOLA

Depois de passarmos por tudo o que aconteceu desde que Jennifer e eu descobrimos que teríamos uma filha, parecia que nós precisaríamos estar prontos para qualquer coisa, uma vez que a data estimada do parto começou a se aproximar. Eu tinha de admitir que sabia muito pouco sobre o assunto, além do que tinha visto em programas de TV forçados e do que eu me lembrava das aulas de educação sexual no ensino médio. Como a maioria das coisas na vida, planejei fingir que sabia o que estava fazendo e esperar pelo melhor. O problema é que, sem um alerta de antemão, alguns caras podem descobrir o que significa a palavra episiotomia e surtar por completo, porque acontece uma parada bem pesada ali. Fui atrás do máximo de informação que pude sobre o momento, de forma que eu não estragasse tudo ao ver algo inesperado e acabar vomitando por toda a sala de parto.

Hoje em dia, não dá para mudar de canal sem se deparar com um daqueles programas de TV a cabo do tipo *Ao vivo no PS*, que te deixam cara a cara com um parto real. Quando chega a hora de o bebê sair e de as coisas começarem a alargar a proporções insanas, geralmente entro em pânico e mudo de canal. Quando a cabeça do bebê começa a aparecer, a tua mente é capaz de explodir de tão intenso, barulhento e sujo que é o procedimento. Digamos que não é bonito. Às vezes, você ouve as pessoas dizerem como o parto é belo e maravilhoso, como se o bebê chegasse em um cobertor de asas de anjo e harpas tocando ao fundo. Acho que consigo ver certa beleza no processo de parto de um jeito abstrato, teórico, mas, fora isso, pode ser impressionante para os pais de primeira viagem. Sabendo da minha propensão a ficar um pouco nervoso perto de sangue e vísceras, decidi que ficaria atrás dos ombros da minha mulher e vivenciaria o espetáculo de cima, ao contrário de alguns caras que ficam no meio da ação e se agacham bem do lado do médico, como se fossem o Mike Piazza[2] à espera de uma bola curva. Para todo o resto, eu podia assistir a tantos programas e ler tantos livros quanto fosse possível, mas, para obter todas as informações necessárias explicadas em detalhes, eu sabia que precisaríamos ter aulas de parto.

---

2   Célebre jogador de baseball que atuou entre 1992 e 2007. (N. do T.)

As aulas do método de Lamaze foram ridículas. Mary e eu não nos convencemos de absolutamente nada e achamos que os outros casais eram uns malas. Nós sabíamos que assim que a coisa ficasse feia, nós diríamos "Remédios, AGORA", e pronto. Dissemos às pessoas da nossa turma que planejávamos batizar nossa filha de Elvis. Ficou claro desde o início que nós seríamos as pestes da sala. Passamos o restante das aulas provando que merecíamos a honraria.

⚡ TONY CADENA, THE ADOLESCENTS

Quando estávamos esperando a filha número dois, decidimos fazer as aulas do método de Lamaze oferecidas pelo hospital uma vez por semana, à noite, por um mês. Essa foi nossa primeira experiência convivendo com outros pais e nós nos sentimos muito esquisitos, desconfortáveis e deslocados, porque realmente não somos o tipo de pessoa que gosta de se sentar em círculos e falar sobre órgãos sexuais reprodutores e contar histórias íntimas sobre nós com um bando de completos estranhos. Fiquei morrendo de medo de ser colocado no centro das atenções pela professora e pronunciar errado alguma parte da anatomia feminina e ter de explicar à turma o que são os grandes lábios, ou *mons veneris,* e onde ficam.

Por sorte, a esposa de um dos meus melhores amigos também estava grávida e eles se inscreveram para fazer as aulas conosco, o que era ótimo, porque assim poderíamos sussurrar comentários sarcásticos e rir feito garotinhas sempre que os professores dissessem coisas como "escroto" ou "vagina", ou mostrassem slides de alguma dessas coisas à sala. A aula correu bem até mais ou menos três quartos do caminho, quando a enfermeira pôs as mulheres para experimentar diferentes posições para empurrar durante o trabalho de parto. A maioria delas já está bem avançada no segundo ou terceiro trimestre de gravidez, e parece que acabou de engolir uma bola por acidente. As luzes da sala são abaixadas, para criar um clima tranquilo, e tudo fica bem quieto, enquanto os homens fingem murmurar conselhos encorajadores e contar para as esposas, exatamente como se fosse real. A enfermeira pede às mulheres que virem de lado e tentem uma posição nova, e começa a dizer numa voz baixa e relaxante "Só relaxem, mamães. Relaxem o corpo entre as contrações e respirem fundo. Isso. Bom. Relaxem. Deem incentivo, papais. Digam que estão fazendo um ótimo trabalho e o quanto vocês as amam. Isso. Contem para elas, papais, ajudem. Relaxem, garotas". Justo quando a sala estava calma e silenciosa a ponto de você só ouvir o zumbido quase imperceptível das lâmpadas fluorescentes no teto, de repente sou assustado por um grande estrondo de flatulência bem do meu lado, enquanto a esposa do meu amigo deixa escapar por acidente um peido poderoso, que ressoa pelo ar inerte da sala de aula feito um rifle disparado na floresta.

Não tem como todo mundo na sala, porra, todo mundo no andar inteiro do hospital não ter ouvido. Para crédito da enfermeira, ela foi séria e profissional e não titubeou, mas tampouco pôde ignorar. "É totalmente normal e comum soltar um pouco de gases nessa posição, todo mundo pode continuar a relaxar. Relaxem e respirem. Não é nada pra se preocupar." Meu amigo e eu, porém, não aguentamos. Primeiro, ele começou a rir, e então a turma toda entrou na onda. Ele disse "Querida, acho que você está relaxando até demais!". Ainda rimos disso até hoje, e eu prometi à mulher do meu amigo que não colocaria essa história no livro.

PREPARANDO A CASA PARA O BEBÊ

Depois que separamos nossas ansiedades em setores administráveis, que poderíamos nos estressar com um de cada vez, tínhamos de começar a preparar a casa para a chegada. Quando você está prestes a ter filhos, as pessoas sempre vão perguntar se você já preparou a casa para os bebês. Para mim, isso soa como se você tivesse de se certificar de que nenhum bebê loucão vai invadir a casa e roubar todas as chupetas e os paninhos. Passamos muito tempo pela casa, cobrindo cantos pontiagudos, plugando tomadas e colocando travas de segurança em janelas, portas, armários, gavetas e criados-mudos, qualquer coisa que pudesse se fechar batendo e esmagar dedinhos, até mesmo as privadas. Instalamos sensores de fumaça e detectores de monóxido de carbono em todos os cômodos e ajustamos a temperatura do nosso aquecedor de água para que não excedesse quarenta e oito graus e nós não fervêssemos a pobre criança por acidente. Ao longo dos anos, com três crianças, nos tornamos tão paranoicos, que vemos tudo em nosso ambiente doméstico como uma arma letal em potencial, e a minha esposa vai ao quarto das nossas filhas várias vezes durante a noite só para se certificar de que elas estão respirando.

O próximo passo era montar um quarto para a bebê dormir, brincar e fazer cocô, e o meu trabalho, é claro, era armar todos os móveis de bebê. Por alguma razão, a maioria dos berços é fabricada em países escandinavos que usam somente seu próprio tipo específico de ferramenta de cabeça hexagonal, e eles geralmente só fornecem cerca de metade das porcas e dos parafusos que você precisa para montar o troço. As instruções consistem em pequenos desenhos minimalistas de mãos sem corpo armando as cabeças hexagonais e travas em áreas que não se parecem em nada com o que você tem à sua frente. Suei por toda a tarefa extraordinariamente difícil de montar aquele troço, com seus trinta milhões de porcas hexagonais e travas, na sala de estar, só para me dar conta que, depois de montado, o berço não passava pela porta do quarto. Depois, descobri que tampouco passava pela janela do quarto. Ao longo dos anos, descobri que, quando preciso montar qualquer peça de mobília ou brinquedo complicado para as minhas filhas, tenho de jogar aí umas boas três horas, levando em conta várias pausas para ir até a garagem tomar uma cerveja e xingar os fabricantes suecos de móveis.

A HORA CHEGOU

Certa noite, eu estava em um sono profundo, porque tudo estava pronto e eu pude dormir bem, sabendo que estávamos preparados, então, no meu sonho, eu surfava em águas azul-turquesa, em uma ilha em algum lugar no Sul do Pacífico, e as garotas de biquíni da *Sports Illustrated* davam tchau pra mim na praia, mas *ops!*, a parte de cima do biquíni de uma delas acidentalmente se soltou, o sol estava a pino e aquecia as pequenas contas d'água as minhas costas, minha felicidade era extática, e então, de repente, uma das garotas de biquíni tinha a voz de Jennifer e gritava "Jim! Jim! Acorda!". Então, a luz do quarto se acendeu, eu sentei como um tiro na cama e tentei entender que diabos estava acontecendo. Meus olhos começaram a entrar em foco e consegui ver minha esposa em pé no corredor, de camisola, com uma poça de um líquido transparente no chão entre as pernas. "Que diabo foi isso? Você se mijou?"

Não, a bolsa dela tinha acabado de estourar no meio da noite e agora, sem aviso, minha nova vida de pai passou da teoria à prática real da coisa e minha pressão arterial subiu em uns 20% e não baixou desde então. Saltei de imediato da cama e comecei a surtar. Jennifer me disse para me acalmar, mas eu não conseguia, então procurei a mala que tínhamos feito para ir para o hospital, coloquei minhas calças, passei um pano no chão, deixei comida para o gato e tentei encontrar as chaves do carro, tudo isso ao mesmo tempo, e eu fazia tudo isso mal. Ela ficou completamente calma o tempo todo, o que, por alguma razão, me deixou muito puto, porque eu não sou nada calmo, e ela me dizendo para me acalmar só estava me deixando o oposto disso. Finalmente coloquei tudo no carro, liguei para os meus pais para avisá-los que estávamos indo para o hospital, e saí cantando pneu, pegando a estrada para o resto da minha vida.

"SALTEI DA CAMA E COMECEI A SURTAR. PROCUREI A MALA QUE TÍNHAMOS FEITO PARA IR PARA O HOSPITAL, COLOQUEI MINHAS CALÇAS, PASSEI UM PANO NO CHÃO, DEIXEI COMIDA PARA O GATO E TENTEI ENCONTRAR AS CHAVES DO CARRO, TUDO ISSO AO MESMO TEMPO, E EU FAZIA TUDO ISSO MAL."

Na madrugada do dia 14 de fevereiro, às duas horas da manhã, com minha esposa sentada sobre uma toalha no banco do passageiro, disparei pelas ruas vazias da South Bay e batuquei freneticamente a direção nos faróis vermelhos, finalmente chegando até as portas do Little Company of Mary, o hospital local onde eu mesmo havia nascido décadas antes e onde eu havia recebido pontos e tratamento de vários ossos quebrados, perfurações e intoxicações alimentares durante toda a minha vida. O Little Company é um hospital católico, com irmãs e freiras de indumentária completa percorrendo os corredores, e com estátuas e quadros da Virgem Maria observando solenemente os passantes por todo o lugar. Como nossa bebê chegaria alguns meses prematura, quando entramos correndo eu estava tenso, preocupado e agitado, e queria tudo o mais rápido possível, e a mulher que nos atendeu na recepção provavelmente percebeu, só de me olhar, que eu seria um caso de nível cinco de estresse o tempo inteiro.

FESTA NO MARCO ZERO **73**

Quando chegamos ao andar da ala de partos e conhecemos a equipe, a enfermeira-chefe também olhou para mim de forma meio esquisita. Subitamente, me dei conta de como deveria estar minha aparência naquele momento. Algumas semanas antes, eu havia tentado tingir meu cabelo de vermelho vivo com uma tintura capilar vegetal que comprei na loja punk da cidade, mas acho que não deixei fazer efeito tempo suficiente, porque em alguns pontos a tinta havia desbotado para um rosa amarronzado bem feio. Eu não havia me barbeado recentemente e estava com resquícios de uma barba malfeita, olhei pra baixo e percebi que ainda estava usando a camiseta do Dead Kennedys, que vesti para dormir naquela noite. Eu, na verdade, sempre admirara JFK, mas, para as pessoas que não estavam ligadas na banda, em especial aquelas que haviam teste-munhado o acontecimento pela televisão, usar uma camiseta que fazia graça com um presidente assassinado basicamente te destaca como um queimador de bandeira amante de comunistas. Enquanto preenchia nossa ficha e pegava nossas informações, a enfermeira--chefe, com ares de matrona, me perguntou qual era a minha pro-fissão. Limpei a garganta e respondi que era vocalista de uma banda chamada Pennywise. Tendo a idade da minha avó e, pela sua aparên-cia, provavelmente não sendo grande fã de skate punk underground, ela, é claro, não reconheceu o nome e apenas meio que sorriu e disse "Hmm, nunca ouvi falar".

Aparentemente, ela deve ter saído e perguntado sobre a ban-da para alguma voluntária do hospital e se informado sobre como nós somos um grupo fodido de *freaks* psicóticos, com um guitarrista que vomita nas pessoas, porque voltou à recepção com um sorrisinho de desprezo no rosto e um ar negativo, como se de repente estivesse lidando com monstros alienígenas ou desertores do exército, ou pelo menos com alguém que ela sabia que não deveria ser autorizado a dar à luz nos corredores sagrados do Super-Hiper-Hospital Religioso da Pequena Companhia de Jesus, Maria e José. Ela nos detestava e logo estaria ajudando a fazer o parto do nosso bebê.

Na aula do método de Lamaze, aprendemos que deveríamos solicitar o "quarto bom", mas eu não conseguia ver como era possível que houvesse quartos "bons" e "ruins" em hospitais. Será que um era raramente higienizado e infestado com germes de peste e feno rolando, com água suja pingando da instalação de luz enferrujada como em um cenário de um velho filme de Hitchcock, enquanto o outro era como um SPA resort Ritz-Carlton? Será que só pedir por esse quarto funcionaria como uma senha secreta e eles automaticamente te dariam um tapinha no ombro e uma piscadela e começariam a te tratar como uma visita da realeza? Porque, se não fosse esse o caso, a enfermeira-chefe que detestava a mim e a minha camiseta do Dead Kennedys definitivamente não daria o quarto bom a nós, delinquentes. Não, nós teríamos nossa cria de Satã na ala de posto militar remoto na Sibéria do hospital, com nada além de uma panela de água fria e um pegador de salada.

Ela olhou para a tabela e se deu conta, penosamente, de que todos os outros quartos estavam agendados, o que foi pontuado pelo fato de que, em algum lugar ali perto, uma mulher gemia de dor como se suas unhas dos pés estivessem sendo arrancadas uma a uma, e que, por uma reviravolta cruel da vontade de Deus, nós de fato iríamos para o quarto "bom". Olhou de novo para a tabela, como se para tentar sacar uma desculpa para nos colocar em uma sala de raio X ou armário de faxina, para que pudesse guardar o quarto "bom" para o caso de membros mais beatos da congregação chegarem e precisarem dar à luz um bebê. Suspirou e se deu conta de que não havia nada que pudesse fazer, e conduziu os punks hereges à suíte natal.

Pra falar a verdade, o quarto bom não era tão especial assim, a principal diferença era ser discretamente maior do que alguns dos outros quartos, e ser mais afastado, um pouco mais próximo da mesa das enfermeiras. Pude ver como um quarto poderia se tornar "ruim", se estivesse muito próximo a outro, caso a vizinha fosse tão "vocal" quanto a mulher que ainda estava preenchendo os corredores com os berros de tormento maternal capazes de perfurar tímpanos. Foi meio desconcertante desfazer nossas malas e tentar permanecer calmos e positivos e dispor nosso pequeno aparelho de som e as velas aromáticas quando parecia que havia alguém sendo guilhotinado lentamente com uma lâmina cega no quarto ao lado.

Nós nos acomodamos e, a essa altura, Jennifer estava tendo as primeiras contrações, e nós ficamos só meio que viajando sobre o que nos aguardava. Quando se ouve todas aquelas histórias de amigos sobre angustiantes "setenta e duas horas de parto", você se pergunta que diabos poderia acontecer que faria um bebê demorar tanto tempo? As mulheres realmente passam dois dias na sala de parto mudando de cor e tentando empurrar a criança por horas a fio? Não tem um jeito mais fácil de fazer isso? Aparentemente, isso pode levar de poucas horas a várias vidas, dependendo do quanto Deus te detestar. Jennifer ficava lá, sentada, falando comigo, e então dizia "OK, lá vem mais uma", depois fazia uma careta, gemia e apertava minha mão até deixá-la azul por uns trinta a quarenta e cinco segundos, e então soltava com um grande suspiro. Ela diz que a sensação provavelmente é parecida aquela dor lenta e latejante de quando levamos um chute muito forte no saco, exceto que temos de imaginar uma bola de boliche de quatro quilos e meio alojada no nosso baço, e os chutes seriam cada vez mais frequentes e violentos ao longo das próximas doze horas.

Descobrimos que a razão pela qual esse processo pode levar tanto tempo é que, quando ela já estava tendo as contrações regulares há quatro ou cinco horas, e eu já tinha lido todas as revistas e assistido a algumas dezenas de infomerciais na TV e dito coisas como "Bom, as coisas estão indo bem, já deve estar chegando perto", a médica entrava para checar a dilatação e esta estava em apenas um centímetro e meio, quando deveria chegar a dez! Depois, mais duas ou três horas se passariam comigo perambulando pelos corredores santos do Little Company of Mary, fuçando em armários e contando os buracos nos ladrilhos do teto e indo e voltando da cafeteria, só para ficar enojado com a ideia de comer algo preparado em um lugar que já abrigou centenas de milhares de pessoas com doenças contagiosas, para então voltar ao nosso leito e ver como Jennifer estava e a dilatação mal chegara a dois centímetros! Calotas polares já derreteram mais rápido do que isso.

Eu já estava agitado, e quando a enfermeira nos deu a última medição, reagi como se estivesse falando com um mecânico velho e lerdo, que demorava para trocar o óleo do meu carro. "Cinco horas e a gente só avançou meio centímetro? *Você tá de brincadeira comigo?* Ela já teve sessenta e cinco contrações e quase quebrou todos os ossos da minha mão! Não tem jeito da gente andar com isso?" Pensei que talvez eu pudesse dar uns vinte dólares escondido pra ela, e aí talvez ela pudesse dar um laxante à Jennifer, ou alguma coisa pra apertar o passo.

Com a filha número um, Jennifer teve o que chamam de "hipertensão induzida pela gravidez", que é quando você tem pressão alta durante a gravidez ou bem perto do parto. O plano era induzir o parto duas semanas mais cedo, porém, ela entrou em trabalho de parto uma semana antes disso. Como as contrações eram fracas e o processo estava muito lento, a médica deu a ela algo para torná-las mais fortes e mais frequentes, o que, é claro, significava mais dor. A enfermeira pediu a ela que desse uma nota de um a dez para o desconforto, e então, feito um traficante em uma esquina do centro da cidade, ofereceu a ela uma variedade de remédios diferentes para ajudar com a dor. Deram uma injeção de Nubain, um analgésico que pareceu atenuar um pouco a sensação por um tempo, mas que perdeu efeito algumas horas depois, e a segunda injeção não funcionou tão bem. Foi aí que trouxeram a mãe de todos os analgésicos, a epidural, uma anestesia local aplicada na coluna vertebral que serve para adormecer a metade inferior do corpo, para que ela não sentisse tão severamente a dor. O anestesista entrou feito o maior cafetão do bairro, sacou uma agulha enorme, aplicou a injeção nas costas dela e, de repente, ela estava feliz e tranquila como um hippie em um show do Grateful Dead.

Porém, à medida que o trabalho de parto prosseguia, a pressão arterial de Jennifer ficava extremamente alta. Eu não parava de observar o monitor, que disparava um zumbido como aviso quando atingia um nível perigoso, e já que a expressão "morreu durante o parto" vinha se repetindo na minha cabeça na lembrança de algum livro de história ocidental, eu entrava em pânico, corria até a mesa das enfermeiras e berrava "O ALARME DO NEGÓCIO ESTÁ TOCANDO! ACHO QUE ELA TÁ MORRENDO!". Elas só olhavam esquisito para mim, diziam que estava tudo bem, para eu não me preocupar e que estavam observando. Por fim, a médica deu a ela sulfato de magnésio, que serve para ajudar a controlar a pressão arterial, mas também te deixa com muito calor e muito agitado. Eu já estava nervoso porque era a nossa primeira filha, eu não sabia o que esperar e estava preocupado com a pressão arterial dela, pensando que sua cabeça fosse explodir a qualquer momento e que eu talvez tivesse de dar um mosh na mesa das enfermeiras se algo não começasse a ser feito logo.

Jennifer reclamava que o calor estava insuportável, então, eu tinha de correr pra lá e pra cá para buscar cubos de gelo e panos molhados para ela, e isso continuou por cerca de dez horas, comigo preocupado com ela e com o bebê, observando os monitores e chamando a enfermeira quando os números subiam muito e o alarme soava. Por fim, eu não aguentei mais, corri até a mesa das enfermeiras e perdi completamente a linha. "ESCUTA AQUI, ESTAMOS

AQUI HÁ QUATORZE HORAS, MINHA MULHER ESTÁ FERVENDO E A MINHA FILHA PODE ESTAR COZINHANDO LÁ DENTRO, ENTÃO, PRECISO QUE ALGUÉM DE VOCÊS LEVANTE E FAÇA ALGUMA COISA IMEDIATAMENTE, PORQUE O ALARME DAQUELE NEGÓCIO ESTÁ ME ASSUSTANDO E EU NÃO CONSIGO MAIS LIDAR COM ESSA MERDA TODA!" Tenho certeza de que metade da equipe e dos familiares das gestantes na ala de maternidade estava se perguntando quem era aquela pessoa estranha com cabelo de sorvete napolitano e a camiseta ofensiva e por que ele estava correndo para cima e para baixo pelos corredores gritando e surtando como um paciente da ala psiquiátrica.

Depois da minha maratona de ansiedade e preocupação, a médica chegou e a examinou, e então, como um Oráculo de Delfos, anunciou que o bebê nasceria às quatro horas da tarde. Olhei para o relógio e vi que seria dali a dez minutos. A médica estava chapada? Será que ela mesma tinha tomado umas injeções de Nubain? Pelo andamento daquele parto, não havia como nossa filha nascer ainda neste milênio. Eu ainda ficaria semanas ali, tendo a mão esmagada e com a cara colada no monitor.

Logo descobrimos que, embora as contrações e a parte inativa do trabalho de parto demorem pra caramba, em comparação ao período em que de fato se empurra o pequeno punk para fora, o tempo é relativamente rápido. Minha missão era incentivar, dizer a ela que estava indo muito bem e que a bebê estava quase lá. Basicamente só tentei não ser incômodo, não fazer piadas, nem apontar e dizer "Meu Deus, que nojo!". Às vezes, acho que os caras deveriam ter uma bolinha de gude grande enfiada no canal da uretra durante a parte de empurrar, só para experimentar um pouquinho do que a esposa está passando, mas não acredito que essa ideia teria o apoio de muitos pais em potencial por aí. Ouvi dizer que algumas mulheres vomitam, evacuam tudo e giram a cabeça tipo *O Exorcista* durante o parto, mas a minha esposa só ficou uns dois tons vermelha, branca e azul no rosto, depois deu um grito rebelde alto e gutural, à altura de qualquer boa banda punk, e, em uma onda volumosa de sangue, suor e lágrimas, e vários outros fluidos corporais, nossa bebê nasceu, exatamente dez minutos depois, exatamente como nossa médica havia dito.

Quando a bebê saiu, eu esperava experimentar uma vasta gama de emoções: alegria, júbilo, assombro e talvez até um pouco de náusea e asco. Eu sabia que alguns pais choram de alegria, enquanto outros plantam uma bananeira completa sobre o linóleo e seguram a criança no colo no pronto-socorro enquanto recebem pontos na testa. Por alguma razão, primeiro me senti levemente desapontado e um pouco assustado com a experiência. É preciso lembrar que bebês recém-nascidos estiveram flutuando em fluido amniótico pelos últimos nove meses. Sabe quando você fica muito tempo na banheira e seus dedos perdem toda a cor e a pele fica enrugada e feia? Quando saem, os bebês têm essa aparência e estão cobertos de gosma, sangue e muco. É difícil sentir a grande e aguardada sensação de aconchego e arrepio quando se é o pai orgulhoso do que parece ser um omelete com rosto.

Semanas antes de a filha número um vir ao mundo, quando Jennifer estava no terceiro trimestre e era possível ver diferente partes do corpo saltando da barriga dela, toda noite antes de dormirmos eu começava a conversar com a criaturinha, calculando que eu e a nova integrante da família deveríamos nos conhecer um pouco antes do grande dia. Jennifer ficava deitada em silêncio e, por alguma razão, era aí que a bebê ficava realmente ativa, rolava de um lado para o outro, batendo nos lados da minha esposa e socando a bexiga dela como se fosse um minúsculo saco de boxe cheio de urina. Eu começava dizendo "Oi, bebê! É o papai!", e ela de repente ficava perfeitamente parada, como se tivesse interrompido o que estava fazendo lá dentro para me ouvir. Então, eu dizia o alfabeto a ela algumas vezes. Fiz isso sem falta, todas as noites, até minha mulher cochilar e acordar mais tarde comigo tendo conversas profundas com a barriga dela sobre arquitetura romana e dizendo "O que eu realmente gostaria de fazer é dirigir".

Quando a nossa garotinha chegou, estava toda melecada, chorando, fazendo um escândalo e completamente brava por ter sido tirada de seu lar uterino quentinho e seguro e colocada na luz fria e forte do mundo real. Agitava os braços e as pernas no ar como se quisesse dizer "Me ponham de volta, esse lugar é uma droga!". Eu estava atrás dos ombros da minha esposa, e assim como havia feito todas as noites pelos últimos dois meses, disse a ela "Oi, bebê. É o papai!". No mesmo segundo em que ouviu a minha voz, ela parou de chutar e se movimentar. Virou a cabeça na direção de onde eu estava, piscou algumas vezes e então olhou bem para mim com aqueles olhos azuis-claros perfeitos, e foi aí que senti o grande barato de adrenalina ou endorfina ou de alguma coisa indescritível, que mandou uma onda de calor pelas minhas veias. Minha respiração parou por um segundo e eu senti a primeira grande sensação de aconchego e arrepio da paternidade ao olhar para a minha cria real e viva, um pedacinho vivo de mim, da minha esposa, sangue do meu sangue. Pensei comigo "Eu fiz aquilo ali. Não acredito! É minha filha, caramba!". Também comecei a pensar que fodido eu tinha sido a vida toda, em como eu tinha tornado a vida dos meus pais um inferno, e em como parte de mim achava que eu nunca sairia do ensino médio, mas agora, fitando aquela criança perfeita, eu finalmente entendi. "É disso que a vida se trata. Disso que estou sentindo, *olhando para a minha filha.*" A vida toda procurei por pelo menos um pouquinho de significado neste mundo bagunçado, por algo, qualquer coisa em que acreditar, e lá estava ela, olhando de volta para mim. De repente, toda aquela ideia de ciclo da vida parou de soar clichê e fez perfeito sentido. Embora não tenha feito isso, por motivos de segurança, eu queria berrar "EI, MUNDO! ESTA É A MINHA FILHA! EU SOU UM PAI! NÃO SOU UM FODIDO, AFINAL DE CONTAS! OLHA AQUI!". Depois, eu quis sair e comprar charutos e fazer todas aquelas coisas estúpidas que os pais têm feito há anos para passar vergonha nos hospitais, com sorrisos bobos enormes no rosto.

É a esse momento que me atenho sempre que sou afligido pela ansiedade incapacitante, a frustração tortuosa e a cruel dor no coração de criar filhos. Haverá mais momentos como esse, em que você ficará admirado com as suas criações, muito orgulhoso delas e de si mesmo por tê-las, e não vai se importar que os outros estejam enjoados de ouvir você falar daquele negócio engraçado que seu filho falou, ou de você mostrar fotos a eles, porque você simplesmente não consegue parar. No entanto, logo depois desse primeiro momento, começa o trabalho, bem como a preocupação existencial e o estresse de arrancar os cabelos, que te deixam em parafuso para o resto da vida.

Dois anos depois, estaríamos na mesma sala de parto com a filha número dois, e o cordão umbilical estava enrolado no pescoço dela durante o processo. Ela ficou presa no canal de parto e sua frequência cardíaca diminuía cada vez que minha esposa tinha uma contração, e, de novo, eu estava surtando de preocupação, mas desta vez a médica e a equipe também estavam. A enfermeira-chefe enfim colocou as mãos em cima da barriga de Jennifer e começou a empurrar a bebê para fora, com força. De alguma forma, conseguiram tirá-la, mas a clavícula dela fraturou nesse processo. Acho que talvez seja esse o motivo de a filha número dois ser uma menina tão durona. Ela teve de lutar e passar por dor e sofrimento para vir ao mundo, agora quer devolver um pouco disso. Até aí, dois bebês e drama o bastante na sala de parto para termos nosso próprio sitcom.

Quatro anos depois, estávamos mais uma vez no consultório do ginecologista fazendo ultrassom, com uma garotinha de seis e outra de quatro anos correndo por entre os esquemas de útero e diagramas, então eu tinha certeza de que desta vez teríamos um menino. Eu sabia que tinha sido um desgraçado com algumas namoradas no ensino médio, mas não havia como Deus querer tanto me castigar a ponto de me fazer colocar três meninas na escola para conhecer centenas de namorados, ficar acordado a noite toda esperando elas voltarem e depois ter de pagar por três casamentos. Isso seria simplesmente cruel pra caralho. O médico, ele mesmo pai de três filhas, insistia em me perguntar se eu queria saber o sexo, mas recusei. Eu disse "Nem pensar! Dessa vez há de ser menino. Quero esperar e ser surpreendido".

Não foi um menino, e eu fui surpreendido. A filha número três veio ao mundo de maneira incrivelmente fácil, em comparação com as outras duas. Desta vez, o parto seria induzido, então, em vez de sermos pegos desprevenidos no meio da noite, Jennifer foi para o hospital tranquilamente em uma manhã de sábado, como se estivesse indo fazer uma limpeza no dentista. Quando chegamos lá, nos deram uma suíte de parto na nova ala que acabara de ser inaugurada no andar da maternidade, um espaçoso apartamento de hospital de luxo onde Oprah ou J.Lo ficariam orgulhosas de parir. Nossa enfermeira foi uma hospitaleira garota sulista que poderia ganhar um concurso de Miss América e nos tratou como realeza. A médica ficou lá o dia todo, atendendo do hospital, então aparecia o tempo todo para checar o nosso progresso. Antes que a minha esposa sentisse qualquer dor, eles perguntaram se ela gostaria da epidural, e, é claro, ela disse que sim, e duas horas depois teve seu primeiro parto sem dor e sem estresse, pelo menos desta vez. Talvez seja por isso que a filha número três é tão calma.

Quando chegava a hora de darmos nomes às nossas filhas, pensei que poderia ser legal dar nomes punk rock, como Peggy Peroxide ou Victoria Vomit, mas minha esposa cortou meu barato. Eu sempre quis um nome punk rock maneiro, como Rat Scabies, Darby Crash ou Sid Vicious, mas aparentemente eles não caem tão bem com as professoras do jardim de infância. Calculei que, já que minha esposa tinha carregado as crianças por nove meses e depois passado por quinze horas de parto, eu deveria, no mínimo, dar a ela o privilégio de escolher os nomes das nossas filhas. Em retrospecto, nós provavelmente deveríamos ter dado a todas elas nomes republicanos conservadores, como Nancy ou Barbara, só para antecipar a inevitável reação dos pais.

GERADOR DE NOMES PUNK ROCK

Você já ouviu falar nos sistemas de geração de nomes em que você combina duas coisas para criar um nome específico? Por exemplo, seu nome na indústria pornô é o nome do seu animal de estimação de infância e a rua em que você cresceu (Genève Cornell, Bootsey Broadway etc.). Bem, eis como você encontra o nome punk rock perfeito para o seu bebê: seu nome do meio mais uma doença infecciosa que você ou alguém da sua família contraiu, de preferência alguma doença de pele nojenta, por exemplo...

Vinnie Vitiligo	Harry Hepatite
Eddie Eczema	Freddy Influenza
J. T. Furúnculo	Bonnie Botulismo
Alexis Angioma	Colin Cólera
Donnie Dermatite	Rita Gonorreia
Iggy Impetigo	Stephen Micose
Sally Psoríase	Julio Pólio
Rosey Rosácea	Milo Varíola
Danny Caspa	Phyllis Sífilis
Richard "Dick" Difteria	Alexander Acne

Durante a nossa primeira experiência na sala de parto, eu estava tão estressado e fora de mim, que provavelmente fui um pé no saco, então, com as filhas número dois e três, já estava ligado. Cumprimentei a todos educadamente, fiz perguntas, guardei nomes e incluí pessoas na minha lista para enviar cartões de Natal. Contei piadas para o faxineiro e disse à senhora que nos recebeu que o uniforme de enfermeira ressaltava bem os olhos azuis dela. Todos me adoraram. A razão pela qual aprendi que é preciso puxar um pouco de saco no hospital é que, assim como em qualquer outra prestação de serviço, cabe à equipe decidir exatamente que tipo de serviço eles vão prover. Se você for simpático, cordial e elogioso, pode ficar com o quarto "bom", mas se chegar tentando ser durão, punk e antissocial, você e sua esposa serão mandados para algum canto desolado do hospital com outras quinhentas mães a berrar, um catre do exército como cama e um curandeiro de Barbados para realizar o parto.

Depois que tivemos nossa primeira filha, toda a minha vida ganhou um brilho e um senso de urgência completamente novos. Fiquei com essa suspeita insistente de que eu não tinha mais tempo de zoar por aí. O instinto de pai protetor/provedor começou a crescer dentro de mim, e, de repente, havia mais à vida do que beber cerveja, fazer mosh e gritar a plenos pulmões em shows de punk. Eu soube que precisava começar a sacrificar minhas próprias necessidades imediatas em favor daquelas das minhas filhas, e havia muito trabalho a ser feito. Para todo mundo, eu provavelmente aparentava ser meu eu normal e despreocupado, mas, por dentro, estava me tornando uma pessoa completamente diferente. Quando eu estava feliz, estava feliz pra caralho, em êxtase. Quando estava puto, era capaz de arrancar a casca de uma árvore com as mãos e ainda comê-la. Quando estava triste, poderia chorar enchentes de lágrimas salgadas e densas. Foi isso que ter filhos fez comigo. Quando escrevi músicas sobre querer mudar o mundo, fui mais sincero do que nunca, porque agora havia muito mais em jogo do que meu próprio futuro miserável, algo que precisava ter as fraldas trocadas regularmente e comida na mesa todos os dias. Agora eu era oficialmente, e não venha com graça pra cima de mim, um papai punk.

ENSINARIA MINHAS FILHAS A SEREM ELAS MESMAS PEQUENAS GUERREIRAS.

GUERREIRAS
QUE OUVEM
IGGY POP
E LEEM
NIETZSCHE E
VOLTAIRE.

CAPÍTULO 3.

HEY, HO! LET'S GO!

DEPOIS do parto do nosso primeiro cesto de alegria, de os nossos amigos e pais terem entregado flores e aqueles balões metálicos chatos e de a médica ter se certificado de que a bebê tinha "feito as necessidades", prendemos a pequenina número um no assento em nosso carro e partimos para a nossa nova vida. Em um dia, eu não tinha nenhuma preocupação sequer, a não ser saber quando seria o próximo show do Circle Jerks ou do T.S.O.L. e reorganizar minha coleção de discos por anos pré e pós-Minor Threat, e no outro acordei com um bebê aos berros, cujas necessidades precisavam ser atendidas a todo o momento. Havia fraldas a trocar, questões de alimentação a decidir e logo descobri que não dormiria muito por várias semanas. Aquilo não era um teste. Era a coisa real, e nosso curso básico-relâmpago de pais estava oficialmente começando.

Assim que passamos pela porta com a nossa nova bebê, a casa parecia um lugar completamente diferente. Dali em diante, nossos sentidos estariam sempre em um estado intensificado de alerta. "O que a bebê está fazendo? Tá chorando? Tá com fome? Tá dormindo? Tá de fralda? Tá vendo pornografia na internet? Que diabos tá acontecendo?" Caras geralmente precisam de um pouco mais de tempo para se ajustar a um ambiente novo, mas eu não podia me dar a esse luxo. Os primeiros dias fora do hospital foram só meus e da bebê, porque a esposa se sentia como se um caminhão de dezoito rodas tivesse passado pela virilha dela e precisava desopilar por um tempo. Ela parecia ótima e animada no hospital, mas quando chegou em casa e se deu conta do processo pelo qual tinha passado, foi direto pra cama, sem vontade de sair de lá por uns dois dias. Foi um treinamento mão na massa perfeito, e minha tarefa inicial foi me passar por intérprete de bebê e desvendar o que ela precisava e quando.

"OS PRIMEIROS DIAS COM UM RECÉM-NASCIDO SÃO MAIS OU MENOS COMO EU IMAGINO QUE DEVE TER SIDO SER GERENTE DE TURNÊ DOS SEX PISTOLS: VOCÊ SÓ ESPERAVA PARA VER QUAL SERIA A PRÓXIMA CRISE."

SEDENTO E MISERÁVEL

Quando voltamos do hospital, o leite de Jennifer não tinha vindo ainda, e a bebê mamava sem conseguir muita coisa. Ela tentou me assegurar que isso era normal e que o pouquinho de colostro que a bebê mamava quando ela amamentava seria suficiente até o leite chegar, mas não me convenceu. A mim, não parecia que a feijãozinho estava se alimentando o bastante para sobreviver e logo começaria a definhar e passar fome, como uma daquelas estrelas de

Hollywood que vivem de Coca Zero e chiclete. Fiquei preocupado também porque ela ainda não tivera nenhum movimento intestinal, e eu sabia que se isso não acontecesse logo, teríamos de levá-la de volta ao hospital, pois ela começaria a desenvolver icterícia, que é quando os bebês ficam tão cheios que começam a mudar de cor feito um pequeno Oompa Loompa. Sem nada entrando e nada saindo, fiquei preocupado que tivéssemos trazido para casa um bebê com defeito, incapaz de comer ou evacuar sozinho. Sempre que ela fazia algum barulho, eu a tirava do berço, a levava rapidamente até Jennifer e dizia a ela que nós tínhamos uma bebê que não comia e não cagava e que ela precisava fazer alguma coisa.

Por sorte, depois de um tempo, os seios da minha esposa de repente se encheram de leite e ficaram firmes como pedra, e a bebê começou a mamar. Depois que essa primeira crise foi superada e ela estava alimentada, voltamos a nos preocupar com o fato de ela não ter evacuado ainda, e de que logo nos estaríamos de volta ao hospital como nossa pequena bebezinha amarela assando debaixo de lâmpadas de calor por dois dias. Pairávamos preocupados sobre ela, que estava deitada de costas sobre o trocador, quando fez uma careta e explodiu um cocô gigante que voou sobre as nossas caras e as paredes ao nosso redor. Com cocô de neném pendurado no nariz, Jennifer disse "Ah, graças a Deus".

Depois de todo o estresse e a pressão de trazer para casa uma recém-nascida, estávamos prontos para um bom, longo e necessário descanso. Imaginamos que ela acabaria apagando sozinha e dormiria por horas, mas fomos acordados bruscamente naquela primeira noite: enquanto nós nos deitávamos, a filha número um ficou acordada da meia-noite às seis da manhã. Na noite seguinte, fez a mesma coisa, depois, na outra, e na outra, e na outra. Ficamos lentamente devastados em descobrir que, ao longo das semanas seguintes, ela não queria dormir à noite por mais de duas horas por vez, nunca. Justo quando estávamos morrendo de vontade de algumas horas contínuas de olhos bem fechados, ela queria ficar acordada a noite inteira e fazer festa.

Como um relógio, ouvíamos quando ela começava a fazer barulhos no berço. Depois ficava rabugenta porque ninguém ia lá buscá-la, e então abria o bico e começava a chorar histericamente. Minha esposa e eu ficávamos deitados em completo silêncio, fingindo estar dormindo, esperando pelo amor de Deus que o outro levantasse e a distraísse, até que um de nós finalmente cedesse, saísse debaixo dos lençóis e a pegasse no colo, o tempo todo sussurrando uma longa sequência de palavrões. Depois de algumas semanas disso, começamos a nos perguntar se não teríamos dado à luz algum tipo de bebê insone maluco, que nunca dormia e só perambulava pelos corredores à noite, como um bebê vampiro.

Aos poucos descobrimos que, como pais de um neném, a maior parte do tempo seria passada monitorando os hábitos de alimentação, sono e cocô da nossa recém-nascida. Parecia que ela estava sempre no processo de fazer uma ou outra dessas coisas, e quando não estava, nós sempre ficávamos preocupados com a razão disso. Durante esse período, você descobre muita coisa sobre si mesmo, e eu descobri que sou extremamente impaciente. Em vez de ser uma ajuda para Jennifer, eu só a estressava ao ser o monitor de bebê obcecado por funções corporais.

"Querida, são três horas e ela ainda não fez cocô."

"Eu tenho certeza de que está tudo bem com ela."

"Quando foi a última vez que você deu de mamar?"

"Há umas duas horas."

"Ela mamou bastante?"

"O quanto ela quis."

"Será que você não deveria dar de mamar de novo, pra ajudar a empurrar as coisas?"

"Não se ela não estiver com fome."

"Será que ela precisa de uma soneca então?"

"Não se não estiver com sono."

"Bom, ela tá lá deitada fazendo glu-glu, olhando pra mim sem fazer mais nada."

"É o que a maioria dos bebês faz."

"Será que a gente não pode dar uma xícara de café pra ela? Sempre funciona pra mim."

"Você não tem que compor alguma música, ou sair em turnê, ou qualquer coisa assim?"

AMAMENTAÇÃO

Vamos falar a verdade, se tem duas coisas que a maioria dos caras sabe com certeza sobre si mesmo é que nós somos preguiçosos e gostamos de peitos. Se de algum jeito você conseguir convencer sua parceira a amamentar, terá muito menos trabalho durante o primeiro ano e os peitos dela vão ficar muito maiores. Eu sabia que dar leite na mamadeira envolveria muita lavagem, limpeza e esterilização das mamadeiras, bicos e anéis, fervura de água, e sempre que fosse ajudar minha esposa estaria por perto o tempo todo para me dizer o que eu estava fazendo de errado. Li em algum lugar que há mais e mais provas de que o leite materno pode ajudar a combater infecções ao estimular o sistema imunológico, e que pode reduzir o risco de certas doenças, tanto para a mãe quanto para o bebê, então, tentei reforçar todos esses fatores importantes para que a minha esposa levasse em consideração, mas a verdade é que eu realmente queria poupar trabalho e ver como os peitos dela ficariam muito maiores. É uma situação delicada, porque nem todas as mulheres se sentem confortáveis em amamentar, ou nem são capazes, então, tentei ajudar e ser prestativo o máximo que pude, só não fui eu mesmo mamar, embora tenha ouvido falar que alguns pais curtem isso. Pessoalmente, acho meio edipiano demais pra mim.

Durante a gravidez, Jennifer percorreu todas as melhores lojas e sites para gestantes, para garantir que teria todo o aparato mais moderno necessário para cuidar de um bebê nos dias de hoje. Ela comprou on-line um aparelho caro chamado bomba de tirar leite, que as mulheres usam para sugar o leite dos seios e congelá-lo para usar depois, quando necessário. Ver a sua mulher usando esse apetrecho, ou vai te mandar para a terapia ou vai te fazer chorar de rir. É uma caixa preta barulhenta, de aparência engraçada, que soa como se tivesse um motor Volkswagen dentro, suga o leite dos peitos dela com duas pequenas ventosas de sucção e a deixa parecendo uma vaca humana em uma fazenda leiteira. Nenhuma garota na face da Terra quer ouvir que está parecendo uma vaca, mesmo se estiver sentada na beirada da cama tendo leite extraído das tetas. Esse aparelho, por mais engraçado e barulhento, se tornou muito útil para congelarmos algumas mamadeiras para que eu pudesse usar depois, quando ela saía com as amigas porque eu tinha dito que ela estava parecendo uma vaca.

Uma das coisas que eu adorava na amamentação, além de eu não ter de fazer nada, era que quando a bebê ficava com fome, não importa onde estivéssemos, estávamos preparados. A mamãe só tirava um seio pra fora, cobria e se tornava um bufê ambulante. Não precisávamos nos preocupar em lavar e aprontar mamadeiras ou com a quantidade correta de fórmula e água esterilizada; poderíamos alimentá-la em qualquer lugar, em restaurantes, no mercado, no parque, quem se importa? Dito isso, eu não queria que minha esposa fosse uma dessas mulheres da natureza e granola, que ficam sentadas no playground de topless com um par de gêmeos de quatro anos pendurados em cada seio, esperando que todo mundo estivesse de boa com isso, porém, quando fosse adequado, por que não? O problema era descobrir quando era adequado.

Uma vez, estávamos em um restaurante italiano quando a bebê começou a chorar, e Jennifer disse que provavelmente ela estava ficando com fome.

"Bom, vai em frente e dá de mamar a ela", eu disse. "Ninguém vai ligar."

"Acho melhor ir até o carro. Tem um casal de idosos olhando pra gente ali e eles podem não gostar."

Sentados em uma mesa diante da nossa, estavam um homem e uma mulher que pareciam ter acabado de sair de um evento em prol do partido republicano. Ele vestia um terno azul-escuro risca de giz e ela, um vestido de noite e um colar de pérolas, e ambos comiam silenciosamente suas saladas Ceasar e dividiam uma garrafa de vinho.

"Ah, fala sério. Só cobre um pouquinho com a toalha de mesa, eles não vão conseguir ver."

Ela cedeu e, quando a bebê começou a mamar, vi a senhora da outra mesa fazer uma cara de nojo e cochichar alguma coisa para o marido. Não pude ouvir o que ela disse, mas imaginei que estivesse dizendo a ele para dar uma olhada naqueles hippies sujos, dando de mamar à filha em público em um restaurante. Quando jovem, eu nunca tivera medo de levantar a bandeira do punk rock ao vestir ocasionalmente o uniforme padrão de calças xadrez com amarras, cabelo descolorido espetado e sapatos de sete centímetros de altura, então, tinha me acostumado com tipos conservadores me olhando de cima a baixo e me desprezando como um arruaceiro vil, embora soubesse que isso não estava nem perto da verdade. Vindo de uma família de classe média em um subúrbio praiano afluente e sempre ganhando tudo o que eu quis de aniversário e Natal, dificilmente eu seria o típico punk de rua delinquente juvenil, mas gostava da sensação de ser visto como um *outsider* pelo establishment, como cantava Darby Crash: uma "pantera confusa, esperando para ser enjaulada"[1]. Agora era a minha vez de ter nojo.

Zombei para Jennifer, com a minha melhor careta de Billy Idol. "Dá pra acreditar nesses esnobes *reaganistas* batedores de Bíblia olhando a gente de nariz empinado só por que você tá amamentando? Será que é tão errado um casal alimentar sua bebê em um restaurante quando ela está com fome, enquanto eles ficam lá sentados, enchendo a cara depois da terceira ida ao bufê de saladas?"

"Ah, grande coisa, não precisa fazer cena."

"Não, tô falando sério. O que tem de vergonhoso nisso? Estamos em um país livre, e até que uma lei seja passada por alguns dos amiguinhos deles do Congresso, lobistas, dizendo que as mulheres não podem fazer o que a natureza manda e dar de mamar aos filhos em restaurantes, nós temos permissão de fazer isso em público, sim. Eu diria até que você deveria tirar a camisa e ficar com os peitos à mostra, só pra mostrar pra esses puritanos que nós ainda acreditamos na Constituição e nos direitos das mulheres. Do que eles têm tanto medo? De ver um mamilo e virarem pecadores? Essa gente me faz passar mal."

Minha mulher sabe que, às vezes, quando subo no salto, ela só precisa me deixar andar um pouco, dar algumas voltas, antes de me acalmar. Bem quando eu estava pronto para saltar em cima da mesa e baixar minhas próprias calças em nome da liberdade de expressão e da primeira emenda, percebi o senhor da mesa à frente chamar o garçom e dizer a ele que o vinho não estava bom e que eles não queriam mais. Depois, quando terminaram, passaram pela nossa mesa e nos disseram que tínhamos um bebê muito bonitinho. Terminei minha refeição sabendo que nossa filha estava bem alimentada e que a Constituição estava segura.

---

1 "*a puzzled panther waiting to be caged*", verso de "Manimal", dos Germs.

"DE TODAS AS HISTÓRIAS BONITINHAS DE BEBÊ, AS QUE AS PESSOAS MAIS ODEIAM OUVIR SÃO AQUELAS SOBRE O COCOZINHO BONITINHO QUE O SEU FILHO FEZ. SÓ É BONITINHO PRA VOCÊ, ACREDITE EM MIM."

CACA

Depois de alimentar a bebê, a próxima coisa a que deveríamos estar atentos era quando ela faria um cocozinho na fralda. Quando do nosso primeiro encontro com uma fralda cheia, ficamos extremamente orgulhosos e quisemos ligar para todos os nossos amigos e trazer os vizinhos para ver o que a nossa pequena gênia da gastronomia tinha feito na fralda, mas procuramos nos conter quanto a isso. De todas as histórias bonitinhas de bebê, as que as pessoas mais odeiam ouvir são aquelas sobre o cocozinho bonitinho que o seu filho fez. Só é bonitinho pra você, acredite em mim. Mais adiante, eles já não eram tão bonitinhos assim, e eu tive de dominar a arte de não respirar por vários minutos de uma vez só para reprimir meu reflexo faríngeo, e a minha relação com a minha esposa se tornou uma de constante coerção, negociação e embromação com ela para ir no meu lugar trocar a fralda. Isso consumia as nossas vidas.

Meu problema era que, assim como a minha completa inabilidade em dobrar camisetas ou calças, em um primeiro momento eu tive dificuldades reais em pôr uma fralda na bebê. Minhas mãos, meus polegares e meus dedos simplesmente não pareciam capazes de trabalhar juntos para realizar a tarefa. Minha esposa pensava que eu estivesse fingindo incompetência só para me livrar daquilo, mas eu acho que eu realmente só era incapaz de fazê-lo. Eu teria passado pela tortura de desafivelar e tirar a jardineira jeans, desabotoar os quinhentos botões do macacão, me recuperado do cheiro terrível, e depois limpado e secado as marcas de todos os cantinhos e dobrinhas, passado cotonete, para então colocar uma fralda nova. Mas os bebês se contorcem muito e sempre puxam as pernas pra cima, tentando colocar o pé na boca quando estão deitados de costas, então você tem de segurar as pernas com uma mão e tentar prender a fralda com a outra, e a fralda tem de estar perfeitamente posicionada, mas nunca está, porque o bumbum do bebê está rebolando por todo lado. Depois, quando você puxa e prende com velcro um lado e tenta fazer a mesma coisa do outro, o primeiro lado solta, as pernas vão pra cima de novo e tudo pronto, mas as duas pernas estão saindo pelo mesmo buraco da fralda e eu tinha de usar *silver tape* para conseguir manter a fralda fechada. Daí abotoo de novo os quinhentos botões do macacão, afivelo a jardineira jeans e, assim que acabo, ouço um peido bem úmido lá embaixo e me dou conta de que terei de fazer tudo de novo.

Embora a princípio eu fosse terrível em trocar fraldas, sabia que, na era de tarefas compartilhadas e paternidade responsável, era de se esperar que eu tivesse as minhas vezes e fizesse um tanto justo de limpeza de caca. Minha esposa começou a notar que eu sempre ficava conspicuamente ausente, correndo para a garagem como se um raio de inspiração tivesse me atingido, sempre que o fedor de uma fralda cheia subitamente soprasse pela sala. Negociamos uma troca em que, se eu fizesse alguma tarefa que ela detesta, como limpar os banheiros, ou concordasse em ir no lugar dela em algum evento chato da escola, ela ficaria com a limpeza tóxica das próximas cinco trocas. Dessa forma, estou fazendo a minha parte, e de quebra também me livrando do ambiente hostil do gerenciamento de cocô. Ela provavelmente só aceitou essa barganha porque eu demoro tanto para trocar uma fralda, reclamo tanto disso, enquanto estou fazendo e faço tanta bagunça, que ela prefere fazer ela mesma. Porém, depois de um tempo, fiquei tão bom nisso, que poderia fazer de olhos fechados – e depois de ter visto o horror que pode sair do corpo de uma criança, às vezes, eu queria fazer de olhos fechados, mesmo.

Logo descobrimos que a ferramenta mais importante em nosso arsenal de suprimentos para bebê era a caixa de lencinhos umedecidos. Houve um momento em que eu quis comprar um caminhão inteiro deles, porque, ao longo dos anos seguintes, nossa caixa de lencinhos se tornou nosso amigo mais valioso e confiável. Deixávamos uma caixa em cada cômodo da casa, nos quartos, nos banheiros, na garagem, no quarto de ferramentas, todo lugar. Mantínhamos algumas caixas em cada um dos nossos carros e deixávamos um estoque de uma ou duas nas casas dos nossos pais e amigos, nos vasos de plantas ou arbustos, sem eles saberem, para o caso de emergências. Até enterrávamos algumas na areia quando íamos à praia. Certa vez, durante um treinamento de vaso especialmente sujo, fiz para mim um pequeno coldre de lencinhos umedecidos para que eu pudesse sacar um de imediato.

Certa vez, estávamos no California Pizza Kitchen, no shopping da cidade, e assim que nos sentamos, a bebê encheu a fralda, o que ficou aparente de imediato, porque o cheiro se espalhou por toda a área do restaurante como uma nuvem de gás de mostarda na Primeira Guerra Mundial, e uma a uma, as famílias nas mesas ao nosso redor fizeram caras de nojo, cobriram os narizes e olharam feio para nós, como se os filhos delas nunca tivessem sujado as fraldas em restaurantes cheios antes. Peguei a criança ofensiva no colo e a levei para a minivan, da qual eu tinha acabado de fazer a limpeza turbo mensal: recolhi todas as mamadeiras, copos, bonecas Barbie e bichos de pelúcia, aspirei todas as migalhas de bolacha, pão e barras de cereal do carpete e limpei os bancos de couro sintético. Deitei a bebê no assento do passageiro, abri as alças de velcro e fui confrontado por uma fralda vulcânica incrivelmente cheia, que vazou por todo lado, bem em cima do banco recém-limpo.

Imediatamente procurei por uma caixa de lencinhos umedecidos, mas aí me lembrei: *Dia de Limpeza Turbo!* Na tentativa de deixar a minivan impecavelmente limpa, eu tinha retirado todas as caixas de lencinhos e me esqueci de repô-las. Além da maior parte do corpo, todas as roupas da bebê estavam cobertas de cocô, então tirei toda a roupa dela e subitamente me dei conta de que não havia nenhuma roupa nova para vesti-la. Peguei-a no colo e fiquei lá sem saber o que fazer em seguida. Eu não tinha nada com o que limpá-la, e não podia simplesmente voltar ao restaurante com uma bebê pelada coberta de cocô dos ombros pra baixo e fingir que estava tudo normal. Se você estava dirigindo pelo estacionamento do Manhattan Village Mall nessa fatídica noite de outono, pode ter me visto na traseira de uma minivan, tendo uma completa crise emocional, segurando uma criança seminua que parecia que tinha sentado numa panela de *chili con carne*.

Aparentemente, minhas filhas guardavam seus movimentos intestinais de proporções apocalípticas para esses momentos inoportunos de necessidade. Nesses momentos, nunca saía um cocozinho seco e caprichoso, do tamanho de uma pelotinha de hamster. Que nada, sempre que eu esquecia de separar uma caixa de lencinhos, eu ganhava o que parecia um deslizamento de terra na rodovia em Malibu. É aí que você entra em pânico. A maioria dos livros sobre paternidade vai dizer para ter paciência e permanecer calmo, mas acho que essa é uma situação em que é OK perder completamente a linha, se encolher em posição fetal e chorar, porque não tem solução fácil. Depois desse episódio, comprei lencinhos umedecidos o suficiente para cobrir um país pequeno e me salvar de um mundo de dor.

"LOGO DESCOBRIMOS QUE A FERRAMENTA MAIS IMPORTANTE EM NOSSO ARSENAL DE SUPRIMENTOS PARA BEBÊ ERA A CAIXA DE LENCINHOS UMEDECIDOS. HOUVE UM MOMENTO EM QUE EU QUIS COMPRAR UM CAMINHÃO INTEIRO DELES."

SONO

Depois de comer e fazer cocô, a outra coisa que nossa primeira bebê fazia era dormir, mas não com tanta frequência como queríamos. Os bebês não deveriam apagar para a noite pacificamente às sete ou oito horas, e só acordar para uma ou duas amamentações rápidas de quinze minutos, e então voltar a dormir? Se é assim, por que então a minha filha ainda estava completamente acordada às duas e meia da madrugada, e por que nenhum de nós dois conseguiu ficar mais de quinze minutos de olhos fechados desde que ela nasceu? A cada dia parecia que ficava mais difícil fazê-la dormir, e nós tínhamos de tentar todo tipo de coisa maluca, desde dirigir com ela no carro por horas em torno do quarteirão, acenando pateticamente para os vizinhos cada vez que passávamos por eles, enquanto regavam a grama, até traçarmos trilhas no carpete de tanto caminhar em círculos pela casa, ninando ela no colo e quase ganhando uma hérnia. Ela eventualmente dormia, mas assim que eu parava de ninar ou de andar, ela dava um berro e acordava de novo.

Com toda essa atividade tarde da noite e de madrugada, tentei me lembrar como eu fazia quando era jovem e capaz de ficar acordado a noite inteira, fazendo festa, sem problemas, as horas pareciam voar e, quando eu me dava conta, o sol já estava nascendo. Quando você está sentado no sofá observando as listras coloridas de algum canal de TV, ouvindo nada além do silêncio absoluto da calada da noite, babando e pescando, mas sua filha ainda está pulando pra cima e pra baixo no cadeirão, as horas tendem a se arrastar mais lentamente. Andando pelo centro da cidade depois da quinta noite insone, eu ouvia das pessoas sem meias palavras "Cara, você parece péssimo!", e eu realmente parecia péssimo. Meu cabelo estava grudado na cabeça, eu tinha marcas de lençol permanentes no rosto e meus olhos estavam sempre inchados, injetados e com malas de viagem enormes embaixo deles. Acho que eu sozinho inventei o penteado estilo "bed head" só de andar em público depois de ter dormido apenas uma hora na noite anterior.

Enfim conseguimos fazer com que ela começasse a ir dormir em um horário semirrazoável e tirasse sonecas durante o dia, mas ela sempre acordava e relutava em voltar a dormir, nos mantendo acordados a qualquer momento. Até hoje, ela é a última a ir para a cama, raramente dorme a noite toda e toda manhã sou acordado por ela de pé do meu lado da cama, puxando minhas pálpebras e dizendo "Papai, acorda!". A número dois foi só um pouco melhor, mas ela pelo menos dormia a noite toda, uma vez que a fizéssemos pegar no sono. Com a número três, finalmente fomos abençoados com uma criança que dorme feito pedra, vai para a cama cedo, acorda tarde e apaga instantaneamente para longos cochilos durante o dia. O problema é que raramente conseguimos desfrutar disso, já que sempre temos de mantê-la acordada até tarde, despertá-la cedo e interromper as sonecas dela para os traslados ininterruptos das duas mais velhas para as práticas de esportes e atividades escolares. Hoje, às vezes, saio em turnê só para compensar o sono atrasado. Para nossa sorte, quando as nossas filhas não dormem o suficiente e ficam cansadas em excesso, bravas e mal-humoradas, a natureza as proveu com um método atemporal para nos informar disso.

CHORO

Se Deus estiver realmente bravo com você por alguma coisa que você fez no ensino médio, você pode ter um bebê com "cólica", algo aparente quando ele passa a maior parte das horas acordado, berrando a plenos pulmões. O berro da criança com cólica não é um choro chato de "quero algo pra comer" nem o gemido incomodado de "tem alguma coisa úmida e nojenta entre as minhas pernas"; soa como se ela estivesse sendo mergulhada em água fervente ou visto um corpo sem cabeça atrás de você. Os lábios tremem e o corpo todo estremece, e quanto mais você tenta fazê-los parar, quando já estão a todo vapor, mais irritados eles ficam. Isso pode ser o pior pesadelo de um pai ou uma mãe.

Eu não diria que a minha filha número um teve cólica, mas ela com certeza berrava com tudo quando queria. Às vezes, durante o dia, eu tinha de ficar de fone de ouvido, escutando G.B.H. só para tentar abafar o barulho do choro. Sem sorte. O choro prosseguia sem parar, às vezes, até a noite. Houve vezes em que nós simplesmente tínhamos de deixá-la chorar. Eu ia para a garagem e começava a tocar guitarra, testando o máximo de volume que eu podia chegar no meu *stack* da Marshall sem que a polícia fosse chamada.

Quando eu parava de tocar por um momento ou entrava em uma passagem mais lenta, ao fundo, atravessando as paredes, ainda conseguia ouvi-la, chorando feito louca. Acho que é por isso que o nosso quarto álbum tem tão poucas pausas na ação. Se eu parasse de tocar, ouviria o choro de novo.

A natureza incessante disso começou a consumir a minha sanidade. Havia dias em que ela chorava tanto, que eu só queria começar a chorar junto. Tentei considerar isso como um teste de quanta dor eu seria capaz de tolerar, como fazer uma tatuagem nas costas inteiras ou vários piercings nas sobrancelhas e no nariz. Eu meditava, lia versos budistas e buscava maneiras variadas de controlar meu estresse que não incluíssem uma garrafa de Jack Daniel's ou um *bong* gigante.

Depois de algumas semanas, comecei a me tornar um expert em saber qual tipo de choro era para quando ela estava com fome, qual era para quando ela estava cansada e qual era para quando ela estava só enjoada de me ver fazer caretas de babuíno pra ela o dia todo. Ouvi tanto choro, que me tornei um *connoisseur*. Em dado momento, os meus ouvidos enfim começaram a ficar mais ou menos imunes à frequência sonora do choro de um bebê. Eu podia escutar, mas não me irritava tanto, depois de ter ouvido noite e dia por vários meses. Nós saíamos em turnê, eu estava em um restaurante ou em um avião com um bebê aos berros bem ao meu lado, e isso não me incomodava em nada. As pessoas ao meu redor vão à loucura e eu não escuto nada, tudo porque tenho três filhas.

Bebês choram. É o que eles fazem. Normalmente, é o jeito deles de dizer que algo não está certo, mas, às vezes, a única razão é puro tédio, e soltar um grande choro diante da desesperança fria do mundo é uma sensação muito boa, depois de se ter passado os últimos nove meses em um útero quentinho, tendo todas as necessidades atendidas. Em nove de cada dez vezes, o bebê só quer ser pego no colo.

Imagine ser do tamanho de um pão de fôrma e se sentir totalmente indefeso; você também choraria de vez em quando. Nós, os mais velhos, é que reprimimos a necessidade biológica de soltar um bom e longo choro uma vez ou outra, e é por essa razão que a maioria de nós recorre à terapia ou ao álcool ou se torna vocalista de bandas punk para poder berrar até os pulmões sangrarem todas as noites. Todos nós precisamos ralhar e reclamar sobre o mundo e os nossos dilemas nele – os bebês só têm uma maneira melhor de vocalizar isso.

SOMOS SÓ EU & VOCÊ, GAROTINHA!

Depois de passar por aquele primeiro parto emocional e fisicamente desgastante, e dos primeiros meses lidando com fraldas sujas, amamentação dolorida e insônia, minha esposa precisava de uma saída com gente que não fosse nem a bebê nem eu. Essa foi a minha primeira oportunidade de mostrar que eu era responsável o suficiente para ser deixado sozinho com a criança e garantir que nós dois, de algum jeito, sobreviveríamos à experiência. Ao sair, minha esposa fez uma lista detalhada de tudo o que eu precisava fazer e lembrar, incluindo descongelar uma mamadeira de leite materno (que ela tinha extraído usando a maquininha), colocando-a em uma caneca e deixando sob água quente da torneira, depois checar religiosamente para garantir que estivesse na temperatura ambiente exata antes de dar de mamar. Se eu quisesse, poderia dar banho na banheira de bebê, mas sem água demais, pois se eu virasse as costas por um segundo com ela ali dentro, ela poderia se afogar. Eu deveria observá-la constantemente e garantir que ela não estivesse se engasgando com alguma coisa e que estivesse respirando. Quando ela estivesse pronta para dormir, eu teria de deitá-la de costas, caso contrário, ela poderia morrer de SMSL, e eu não deveria botá-

-la no colo enquanto assisto à TV no sofá, pois eu poderia dormir e esmagá-la. Jennifer escreveu o nome, o endereço e o telefone do lugar aonde ela ia e de todas as pessoas com quem estaria, e muitos outros avisos cuidadosamente expressos, e eu a apressei pela porta, dizendo para se divertir e que eu tinha tudo sob controle.

Eu vinha ajudando e fazendo a minha parte nas tarefas com a bebê, e sabia que tinha tudo sob controle, então, essa seria apenas uma noite agradável e relaxante para curtir com a minha filha, nos divertindo assistindo à TV no sofá. Com ela sentada no cadeirão vibratório, gorgolejando e tentando morder os dedos do pé, preparei um jantar de micro-ondas para mim e nos acomodamos para uma noite tranquila e sem grandes acontecimentos. No momento em que dei a primeira mordida, ela começou a ficar um pouco inquieta, então mostrei um ursinho de pelúcia. Ela gostou dele por um minuto, depois enjoou e voltou a ficar inquieta, de modo que comecei a fazer caretas e ela me olhou estranho por um tempo, mas isso não ajudou muito. Ela começou a chorar, então, decidi tirá-la do cadeirão e pegá-la no colo. Porém, quando a peguei, uma perninha ficou presa no cinto de segurança da peça, tentei segurá-la e soltar o cinto ao mesmo tempo, não consegui, ela meio que escorregou um pouco e eu a levantei de novo, mas o cadeirão todo veio junto e ficou pendurado na perna dela, e ela percebeu que tinha alguma coisa errada com essa cena e embora tivesse apenas uns poucos meses de idade, olhou pra mim como se dissesse "*Você não sabe que porra está fazendo?*", respirou fundo e começou a chorar com vontade.

Assim, desenganchei-a do assento do cadeirão, comecei a fazer uma dancinha com ela, dizendo "Você quer ouvir um pouco de música?", e saltitei até o aparelho de som para ligar o CD player, mas aparentemente eu tinha deixado o volume muito alto da última vez que o usei, porque o som de um comercial de rádio entrou estourando os alto-falantes, matando nós dois de susto, e agora ela está olhando pra mim ainda mais nervosa e chorando mais alto. Abaixo o volume rapidamente e passo para o CD player, que começa a tocar "Sheena is a Punk Rocker", dos Ramones, e ela se acalma instantaneamente. Ela deve reconhecer a música, porque sempre ponho esse álbum para tocar quando estou lavando louça ou fazendo algum reparo na casa. Começo a dançar com ela ouvindo Johnny, Joey e Dee Dee mandando ver, pulando pelos móveis e curtindo nossa própria rodinha punk de pai e filha.

À medida que dançamos juntos pela sala, ela começa a rachar o bico e morrer de rir. Passo a imitar todos os estilos diferentes de dança dos quais fui testemunha ao longo dos anos. Imito o cara que balança a cabeça para frente e para trás, como se estivesse fazendo o frango maluco e ela adora esse. Depois, o que parece um moedor, chacoalhando os braços pra todo lado, tentando derrubar todo mundo, o movimento de pegar troco da Costa Oeste, e o cara casual que sai pela pista como se estivesse em um passeio de domingo, desafiando todo mundo a trombar nele (se tem uma coisa que a nossa geração de bandas contribuiu à cena punk, foi ter trazido o mosh a uma escala global; se antes as rodas eram só de alguns punks se trombando no CBGB, agora havia vinte mil pessoas se trombando em rodas do tamanho de um estacionamento; é sem sentido, ridículo e a maioria das pessoas diria que é estúpido, mas também é muito divertido). A cada dança diferente, ela ri mais e mais, e a risadinha dela é música para os meus ouvidos. Estamos fazendo nosso próprio show de punk rock de papai e filha naquela sala de estar minúscula.

Depois de ouvir quase todo o álbum dos Ramones e Dickies e Toy Dolls, dois favoritos dela, caímos exaustos no sofá. Imagino que ela esteja com fome e seja hora de comer, então a levo para a cozinha, tiro a mamadeira congelada do freezer, coloco em uma caneca e começo a passar na água quente, mas é difícil fazer isso com uma mão só. Ponho-a de volta no cadeirão, mas ela não quer e começa a chorar, mas eu preciso preparar o leite, então, ela vai ter de abrir o berreiro por um tempinho. Rapidamente fervo um pouco de água e ponho a mamadeira dentro, de modo que ela começa a descongelar muito mais rápido, e parece estar dando certo, então espirro um pouco do leite na parte interna do meu pulso, como minha esposa faz, e está fervendo, quente pra caralho, como café quente, agora tenho de esfriar a mamadeira em água fria e checar de novo, mas não sei dizer se esfriou o bastante ainda, porque quem disse que o pulso é um medidor de temperatura tão preciso assim? Então, espirro leite no braço, na perna e na barriga, até um pouco na boca e, *cara*, esse negócio tem um gosto estranho, tipo leite doce misturado com suor, mas parece que está perto da temperatura ambiente, então, dou a ela e, quando ela enfim se acalma o suficiente, começa a mamar e nós dois conseguimos relaxar por um minuto.

Quando ela termina, a coloco no meu ombro e ela dá um arroto gigante, que soa como uma barcaça chegando no cais, e, em seguida, me dá um sorrisinho. Deve ser a mesma sensação de alívio que sinto depois de dar um arroto feito um vulcão há muito adormecido depois de comer bratwurst e beber um pint de Guinness. Decido dar um banho nela na banheira, e fico impressionado com o quão escorregadio um bebezinho ensaboado pode ser, por que tem horas que parece que eu nem consigo segurá-la firme. Em dado momento, viro de costas para procurar pelo sabonete e, quando me volto, de alguma forma ela conseguiu virar de bruços dentro da banheira. Pego-a rapidamente e percebo que quase afoguei minha filha em cinco centímetros de água. Ela faz a cara de "você é um completo idiota" de novo, mas se recompõe sem surtar e faz umas bolhinhas de pum dentro d'água de vez em quando, passo espuma no cabelo dela, fazendo um moicaninho, e nós dois estamos nos divertindo. Jogo mais um pouquinho de água nela e a tiro da banheira, pois

108 PAPAI PUNK

tenho medo de que ela escorregue para fora e saia deslizando pelo chão. Seco-a, e agora é hora de pôr a fralda, um macacão e, espero, ela poderá pegar no sono.

Vou até o quarto dela e procuro nas gavetas, em meio aos milhares de tipos diferentes de roupas de bebê, os pijamas felpudos com ursinhos e coelhinhos estampados e as camisetinhas com logos de caveira do Misfits e escrito "Little Punk", finalmente encontro o macacão correto, com os mil e oitocentos botões, e tento vesti-la. Essa nunca é uma tarefa fácil, com todos os membros dela se mexendo inquietos, e mais de uma vez passo os dois bracinhos pelo buraco do pescoço, de forma que ela parece estar usando um top de bebê e me dá uma olhada perturbada de novo, mas eventualmente consigo encaixá-la, embora tenha servido de um jeito meio estranho. Macacões são legais e confortáveis e os bebês passam a maior parte do começo da vida neles, e tenho de admitir que eu secretamente cobiçava aquele macacão e me perguntava se havia um tamanho 46.

Com ela alimentada, limpa, pronta pra dormir e já aparentando cansaço, começo a niná-la, tentando fazê-la pegar no sono, até que desisto e me deito no sofá com ela. Por sorte, ela não está muito agitada e só fica lá deitada, olhando para mim, e eu me pergunto como ela consegue ficar tão próxima assim de mim e não sentir repulsa dos meus poros enormes e do meu bafo de alho, mas, por alguma razão, ela ainda gosta de mim e me observa com aqueles olhos perfeitos até começar a piscar e a pegar no sono. Com ela ali deitada, olho para ela e percebo que é disso que se trata o que chamam de amor incondicional, e embora eu não seja muito bom na função, sou o pai dela e ela é a minha filha, temos um ao outro e teremos para sempre, e nada pode mudar isso, não importa o que aconteça. É um daqueles momentos perfeitos, em que nada mais importa a não ser eu e minha filha deitados ali, e Alex Trebek está falando sobre "bebidas fortes" ao fundo, o vento está soprando suavemente lá fora e tudo está tranquilo e quieto, mas, de repente, minha mulher está me sacudindo, gritando "Jim! Jim! Acorda, seu imbecil, você dormiu de novo!". Dou um salto, pensando que esmaguei a bebê ou que alguém a sequestrou, mas graças a Deus minha esposa estava com ela no colo e ela parecia bem, ainda que cansada e confusa.

Esfrego os olhos, olho em volta e digo "O que você quer dizer? Está tudo bem, nos divertimos muito. Olha como ela tá feliz. Por que você a acordou?"

Então minha mulher diz: "Você percebeu que vestiu o macacão de cabeça pra baixo?"

"Quê?"

"Você não percebeu que não está parecendo um macacão normal, e que ela parece que está vestindo uma gola rulê e calça de vaqueiro?"

Parece que toda vez que cuido das crianças, faço um ótimo trabalho e nos divertimos muito juntos, mas sempre tem aquela coisinha que a minha esposa percebe quando chega em casa, a água que ficou na banheira, ou a criança brincando com o cordão da cortina, ou uma caixa de pregos enferrujados, e são essas pequenas distrações que me fazem parecer totalmente incompetente.

Comer, dormir, fraldas e choro foram alguns dos maiores desafios nesse período do desenvolvimento da nossa filha. Tentei passar por eles de cabeça fria e enxergá-los como um teste para ver o quão relaxado e controlado eu conseguiria ficar quando as coisas ficavam realmente estressantes. Porém, quando a merda de bebê batia mesmo no ventilador, eu dizia calmamente à minha esposa que precisava de um pouquinho de tempo "para mim", procurava no jornal onde haveria um show punk naquela noite e, quando chegava lá, ia direto pra roda pra fazer o maior estrago. Eu virava o dono daquela roda até que ninguém mais ousasse entrar, com medo de trombar com o pai estressado que tinha trocado fraldas demais de uma bebê aos berros. Certa noite, fiz isso e quebrei o nariz, e a sensação foi muito boa. Eu voltava pra casa me sentindo renovado, rejuvenescido e pronto para os desafios que me aguardavam.

A VIDA GLAMOUROSA DE UM VETERANO DO WARPED TOUR

"Minha filha Violet dormiu com minha esposa e comigo até os dois anos, principalmente porque facilitava a amamentação. Ela praticamente quer mamar o dia todo, até desmaiar. É um caos. Uma turnê não é tão diferente disso. Você não dorme, pessoas vomitam em você, jogam garrafas na sua cara, às vezes você caga ou mija nas calças, e fica bêbado todas as noites. É divertido."

⚡ **JOEY CAPE, LAGWAGON**

Depois dos primeiros meses, tivemos de nos estabelecer em uma rotina com a filha número um e era hora de eu voltar para a estrada para fazer o Vans Warped Tour e lidar com a minha própria versão do enjoo da manhã. O Warped Tour cobre por volta de cinquenta cidades em torno de cinquenta e cinco dias, o que significa três dias de folga em dois meses de viagem de L.A. a Vancouver, a Boise até Detroit, San Antonio, Virginia Beach, Rykers Island e todas as cidades de calor sufocante entre elas. Há cerca de cem bandas de punk old school e de novas levas, emo, screamo, hardcore, thrash, metal, rap, DJs e umas porras que não dá pra enquadrar em nenhuma categoria, tudo isso em meia dúzia de palcos intercalados por centenas de barracas de merchandising, quiosques de comida, rampas de skate, paredes de escalada e saltos de moto, e se você é um moleque punk skatista com tattoos e piercings, é um verdadeiro sonho molhado.

Enquanto estávamos na estrada sobrevivendo ao Warped Tour, dia sim, dia não, eu ligava para a minha esposa e perguntava como a bebê estava, e Jennifer me dizia que a bebê estava bem, mas que quando foi com ela ao médico para um checkup no outro dia, eles a despiram e a colocaram na balança para pesá-la e ela soltou um jato barulhento de flatulência e encheu a fralda bem na frente do médico, e isso, para uma pessoa um tanto socialmente tímida quanto Jennifer, era vergonhoso em proporções catastróficas, e quando ela fica constrangida em proporções catastróficas, tende a rir incontrolavelmente e começa a ficar vermelha, que foi o que aconteceu, e o médico provavelmente pensou que ela fosse doida. Fora isso, estava tudo bem, e aí ela me pergunta como estava a turnê.

Um dia típico no Warped Tour funciona mais ou menos assim: você acorda em sua cama no ônibus por volta do meio-dia, suando feito um porco porque o ar-condicionado quebrou do seu lado do ônibus, e seu rosto tem cinco mil marcas porque você teve de usar a calça de alguém como travesseiro ontem à noite, porque alguém roubou o seu. Você imediatamente sai tropeçando da cama, porque os cheiros combinados dos pés, dos peidos e dos fungos de doze caras, que só têm se alimentado de churrasco pelas últimas cinco semanas, vêm se misturando na área de dormir pessimamente ventilada, e o ar rançoso que você inalou a noite inteira é finalmente registrado pelo seu olfato, e você vomita um pouquinho na boca por conta do fedor. Você olha pela janela e não faz ideia de onde está, porque tudo que vê são outros ônibus sanduichados o mais próximo possível por todos os lados. Você presume que deve estar no estacionamento de um estádio em algum lugar de Cleveland, mas pode muito bem ser Detroit, Chicago ou Milwaukee, porque todos esses lugares começam a parecer iguais, mas uma coisa é certa, você sabe que precisa encontrar café e um banheiro, não necessariamente nessa ordem.

Você consegue ouvir que não tem menos de cinco bandas tocando ao mesmo tempo nos vários palcos ao seu redor, porque a pulsação do baixo e do bumbo acaba de te lembrar que você bebeu demais na noite anterior, afinal, que porra mais há pra fazer além de beber demais quando se está em um festival itinerante de música com mais de cinquenta bandas e as respectivas equipes? Assim, toda noite alguém faz um churrasco e você começa com algumas cervejas entre as asas de frango e cheeseburgers, depois tem os bloody marys no ônibus de alguém, e talvez alguém abra uma garrafa de vinho tinto ou, pior, Jameson's, e, quando você se dá conta, está completamente mamado, e por que não? Afinal, como é que você poderia ficar sóbrio em um circo viajante de esportes radicais e música, movido a testosterona, e manter o mínimo resquício de sanidade?

Chega o dia seguinte, você está com ressaca de novo, desce do ônibus para a luz do dia e lá fora faz trinta e sete graus, por que não faria? Você está no estacionamento de um estádio, no centro de alguma cidade no meio dos EUA, no meio do dia, no meio do verão, então, é claro que está calor, mais calor que qualquer ser humano deveria ser forçado a enfrentar por mais de dez ou vinte segundos antes de correr de volta para uma sala com ar-condicionado, mas tudo o que você consegue pensar é que, em algum momento do dia, em vez de estar sentado em uma sala com ar-condicionado como a maioria das pessoas deveria estar num dia de trinta e sete graus, você vai subir em um palco diante de cerca de quinze mil jovens, igualmente calorentos e suados, e perder o controle o máximo que puder durante quarenta minutos, até que comece a ter visão dupla e alucinações.

Nesse momento, porém, você precisa achar um banheiro, e já que não dá pra fazer o número dois no ônibus, precisa de um banheiro químico, mas não há nenhum à vista, então, você dá uma volta e encontra outros membros da banda e da equipe, que, como você, estão com aparência e cheiro horríveis, e também estão andando estranho e com só um olho aberto, fazendo uma careta contra o sol severo do meio-dia. Aí, então, um gerente de turnê *straight edge* finalmente lhe mostra a direção e você encontra o único banheiro químico aberto, fica muito feliz, entra nele e a porta de plástico bate atrás de você. Está totalmente escuro e pelo menos uns seis graus mais quente lá dentro, e é aí que o cheiro te atinge. O cheiro está lá. Seus olhos ainda não se ajustaram ao escuro, mas o cheiro já está te fazendo ver cores. Tem forma. É um monstro. Ele te atinge no plexo solar e para a sua respiração, não que você queira respirar, pois seus pulmões se enrolariam em protesto, como uma língua de sogra de festa infantil. Você faz o que tem de fazer, mas começa a ficar zonzo e a perder a consciência pela falta de ar, e então a escuridão te envolve.

Você sai cambaleando da câmara dos horrores e inspira o máximo possível de longas lufadas de ar fresco. O resto do dia é passado curtindo com centenas de outros caras de bandas e equipes, todos parecidos entre si, porque todos nós nos vestimos do mesmo jeito, como atendentes de posto de gasolina em cenários pós-apocalípticos, com carteiras presas por correntes, tattoos e bonés de baseball, e assim, é claro, quando nos cumprimentamos, você não consegue se lembrar dos nomes e eles pensam que você é um babaca metido, quando na verdade você só está ficando velho e senil por conta de cerveja demais, churrasco demais e música martelando na sua cabeça o dia inteiro. Você sai para dar uma volta para ver as outras bandas que você já viu tocar tantas outras vezes, e sabe exatamente o que elas vão dizer entre uma música e outra, antes de elas mesmas saberem, e são coisas do tipo "Como está todo mundo? E aí, Warped Tour, vocês estão se divertindo? Vamos fazer barulho! E aí, Chicago!?! Queremos ver vocês pirarem! Essa é do nosso novo álbum! Vocês tão se divertindo?".

Finalmente chega a hora do seu show, e você discute com os membros da banda sobre quais músicas vocês vão tocar, e você vê Big Mitch, o chefe de segurança, e diz a ele "Tá calor", e ele responde "É, tá calor pra caralho", depois você sobe no palco, o público ruge, você sua e surta e esquece a letra da quarta música, um tênis te acerta na cabeça, você grita para o público sobre esse mundo fodido em que vivemos, as pessoas perfeitas que te olham de cima a baixo, governos corruptos, corporações gananciosas e fanáticos religiosos hipócritas que tentam extorquir e explorar a classe trabalhadora, e em geral você se diverte muito bradando contra a futilidade disso tudo, faz mosh, o público vai à loucura e todo mundo está se divertindo, você toca a última música e sai do palco exaurido, exausto, e, quando se dá conta, alguém já está acendendo o fogo do churrasco e te dando uma cerveja, você estará pronto pra fazer tudo isso de novo.

 Você volta pra casa depois de um mês e meio fazendo isso dia após dia, seu fígado está baleado e você se sente uma esponja ensopada e absolutamente detesta cada poro e partícula dos seus colegas de banda e equipe, mas, ao mesmo tempo, ama cada um deles com um irmão com quem você sobreviveu a um acidente de avião no Himalaia, e se pergunta como você passou por tudo aquilo sem ter um desabamento mental e emocional catastrófico.

 Quando você chega em casa e está pronto para cair no sofá e não se levantar por vários dias, sua esposa estará tão cansada por cuidar das crianças, enquanto você esteve fora, que ela só vai entregá-las a você quando você passar pela porta, e vai sair andando.

OFFICE BOY PUNK ROCK

Já que minha esposa tinha os peitos pra dar de mamar e ficava em casa e fazia a maior parte do trabalho com a bebê, enquanto eu estava em turnê, meu trabalho, quando em casa, geralmente era fazer tarefas do dia a dia, ir ao mercado e comprar suprimentos de bebê, os remédios necessários quando os pequenos receptáculos de germes ficavam com resfriado, febre ou constipados. Jennifer sente um prazer perverso em me mandar comprar os itens que causam uma vergonha extrema na maioria dos homens ao levá-los ao balcão. Pomada para mamilos; suportes de seios; absorventes maxi, mini e supermaxi com abas; e todo tipo de aparato estranho que ela precisa que eu compre e assuma no caixa. Além disso, por alguma razão, muitos dos produtos que as crianças precisam têm alguma relação anal, de supositórios anais a termômetros retais, passando por toda a variedade de talcos e pomadas, igualmente constrangedores de se perguntar a respeito.

Certa vez, fui enviado em uma missão ao Drug Emporium mais próximo para obter todos os tipos de pomadas, bálsamos e óleos de cobra quando a bebê teve febre. Novamente, recebi uma lista da minha esposa com detalhes intrincados da marca exata que ela queria, com especificações do produto e requisitos de idade para cada item, porque obviamente não se deve confiar no meu conhecimento da diferença entre Tylenol for Kids, Advil Sinus Jr., Ibuprofeno pediátrico líquido e Tranquilizante de Cavalo Aspirina Baby St. Joseph's para crianças de dois a cinco anos, guardados a seis prateleiras de altura no corredor infantil da farmácia. Essas são todas versões de produtos para os adultos, e se percebe porque a versão infantil tem um desenho de um dinossauro roxo ou de uma girafa simpática ao lado do aviso que diz que se você der ao seu filho um miligrama a mais do que a quantidade recomendada, ele terá um choque epilético. Com você no corredor estarão mais uns quatro pais com cabelo de quem acabou de cair da cama, olhando para suas próprias listas e examinando o corredor de remédios para os bebês, que tem a extensão de um campo de futebol, com a mesma cara de "Que porra é essa?" que você.

116 PAPAI PUNK

Assim, depois de procurar por literalmente uma hora até encontrar o tipo exato de remédio, vou até a seção masculina para comprar a falange de cosméticos que um pai punk rock de meia idade precisa para levar os fãs adolescentes a pensar que está mais próximo da idade deles do que da do pai deles. Encho a cestinha, pensando que provavelmente precisarei de uma segunda hipoteca para pagar por todos os produtos necessários para manter minha filha saudável e fingir que tenho vinte anos por um pouco mais de tempo.

Levo tudo até o caixa e esvazio a cestinha. Percebo que o operador de caixa é um cara que deve ter uns dezoito anos, com costeletas, cabelo preto tingido, tatuagens nas mãos e um piercing na sobrancelha, o público-alvo exato do Pennywise. Como sou o epítome de uma celebridade local, raramente sou reconhecido em público, principalmente pelo fato de que nossa banda nunca foi além do status de nicho específico – o ápice de nossa carreira foi quando aparecemos no *Access Hollywood*, porque o filho de doze anos do Pat O'Brien era nosso fã –, mas também porque sou completamente indistinguível dos milhões de caras de cavanhaque e boné de baseball e que curtem surf/skate/esportes de ação/isso ou aquilo radical/punk rock que passam dirigindo ao seu lado na *freeway* em uma picape cheia de adesivos grandes de motocross colados no vidro traseiro filmado. Frequentemente, vejo alguém me encarando e acho que fui reconhecido, então finjo ser *cool*, como se estivesse sendo caçado para dar autógrafos, mas na verdade eles só estão achando que sou o amigo deles chamado Steve. Se esse cara do caixa me reconhecer, ele há de ser um fã hardcore, para ser capaz de me distinguir de algum dos outros quinhentos caras de esportes radicais que passam pela farmácia todos os dias.

"Aí, você não é o cara do Pennywise?"

Ao mesmo tempo em que sinto uma injeção de adrenalina dar um gás no meu ego, penso nos itens que estão à minha frente.

"Isso, e aí?"

"Cara, eu escuto vocês desde que era criança."

"Como assim, quando você tinha dois anos?"

Ele começa a dizer "maneiro" muito, assim como eu faço, e quer que eu assine alguma coisa pra ele, depois diz que seu amigo Paul adora a gente e não vai acreditar nisso, e faz mais algumas perguntas até se lembrar que está, na verdade, trabalhando e começa a passar meus itens no caixa. A cada item, nós dois vamos ficando cada vez mais decepcionados. Supositório anal infantil. Termômetro retal infantil. Pomada para assaduras. Suportes para seios. Tintura de cabelo castanho para cobertura extra grisalha Just for Men. Metamucil. Creme de depilação Nair for Men. Mylanta. A cada código de barras passado no scanner, vou de um superstar do punk rock, uma lenda do Warped Tour, a um pai grisalho e rapidamente ficando velho de uma criança constipada, com uma esposa com vazamento de leite. Não uma voz radical da cena punk de uma geração, mas sim um perdedor patético de meia-idade, com problema de gastrite, irregularidade intestinal e pelos nas costas.

"Deu US$ 95,10."

Entrego o dinheiro a ele e me encolho. Imagino-o jogando fora o papel que autografei e a banda perdendo mais uma venda, tudo porque o cara do caixa me viu no meu momento mais vulnerável.

Isso é tudo parte do jogo de ser pai. Quando me inscrevi para ser pai, tive de deixar meu lado *cool* e meu respeito próprio na porta da maternidade.

"NA NOSSA MINIVAN BRANCA, TEMOS NADA MENOS QUE TRÊS ADESIVOS EM TAMANHO REAL DA CARA DA BRITNEY SPEARS COLADOS NAS JANELAS. UM AMIGO ME VIU DIRIGINDO COM MINHA ESPOSA E AS CRIANÇAS E DISSE QUE IRIA À LOJA DE DISCOS TROCAR TODOS OS DISCOS DELE DO PENNYWISE. EU DISSE A ELE PARA APROVEITAR E PEGAR PRA MIM O NOVO DA CHRISTINA AGUILERA, PORQUE AS CRIANÇAS ESTAVAM ME IMPLORANDO."

UM ESPÍRITO INDEPENDENTE É ÓTIMO COMO CONCEITO, MAS NÃO É TÃO BOM QUANDO

SUA FILHA ESTÁ CORRENDO PELA VIZINHANÇA SEM CALÇA.

AS crianças descobrem muito cedo o que é legal e o que é uma merda. Chocolate, doces, chiclete, TV, brinquedos, videogames e bicicletas são legais; vacinas, verduras e legumes, tomar remédio e ir ao dentista são uma merda. Elas gostam de brincar de se vestir e colocar milhares de fantasias diferentes em um dia qualquer, mas detestam usar roupas de verdade para sair para jantar ou uma blusa quando faz frio. Minhas filhas colocam pijama nas bonecas, escovam os dentes das bonecas, penteiam os cabelos das bonecas e colocam as bonecas nas belichezinhas de boneca, mas tentar convencê-las de elas próprias fazerem o mesmo em menos de cinco horas, sem precisar ameaçar cancelar os encontros para brincar com as amiguinhas por um ano, é impossível.

Nossas filhas sempre se tornaram muito teimosas e independentes em uma idade para a qual nós nunca estivemos preparados. Fico impressionado como uma pessoa que tem um oitavo do meu tamanho consegue ditar o quê, quando e como eu faço as coisas e basicamente controlar toda a minha vida. Elas se tornam tão desafiadoras da sua vontade, que você vai se perguntar se um dia será capaz de convencê-las a fazer qualquer coisa que elas não queiram fazer. Ela não quer a tigela de cereal que você acabou de servir, ela quer waffles. Ela quer usar a camiseta azul com o símbolo do Super-Homem, não a de listras vermelhas com a bola de futebol. Não, ela não vai tomar o remédio para tosse que você saiu dirigindo na chuva para ir buscar, o gosto é ruim. Ele não quer ir para a escola, quer ficar em casa tomando sorvete e assistindo a desenhos animados o dia todo.

No fundo, temos orgulho desse espírito independente delas. Serve para nos lembrar de quando nós éramos pequenos punks e queríamos enfrentar o sistema e fazer as coisas do nosso jeito. Mas tudo isso voa pela janela quando você está atrasado para uma consulta médica e a de quatro anos não quer entrar no carro, nem vestir uma calça, e agora está disparando pela calçada sem calça. Um espírito independente é ótimo como conceito, mas não é tão bom quando sua filha está correndo pela vizinhança sem calça.

Quase no dia exato em que minhas filhas completaram seus dois anos, elas começaram a agir diferente. Verbalizam seus pedidos, então, em vez de só chorarem para conseguir o que querem, usam uma mistura de choro/fala/gemido chamada birra. A birra opera num nível de decibéis tão irritante aos tímpanos de um ser humano, que ele fará imediatamente qualquer coisa para pará-la, defenestrando todo e qualquer conselho contrário. Nossas filhas perceberam isso muito cedo, e empregavam a tática da birra para conseguir de tudo, de achocolatado e batata frita para o café da manhã até qualquer item superfaturado que quisessem da loja de brinquedos. Ainda fico impressionado quando me vejo sentado ao lado de uma delas no sofá à meia-noite vendo TV porque ela fez uma birra muito convincente de "por favor me deixa ficar só mais cinco minutos, *por favooooor!*". (Enquanto escrevo isto, a de dois anos está entrando e saindo do quarto com diferentes Barbies nuas, fazendo birra, chorando e exigindo que eu faça a calça stretch feita para a minúscula Polly Pocket servir de algum jeito na Barbie Cinderela, que é uns bons sete centímetros mais alta, e ela cai em um choro pesado quando eu não consigo fazer a calça servir. Pelo que ouço dos meus amigos que têm filhos, os meninos são iguais ou piores.)

A filha número três aprendeu recentemente que tem o poder de usar a palavra "não". "Não", ela não quer tomar banho, "Não", ela não quer almoçar, "Não", ela não quer escovar os dentes, e "Não", ela não quer ser uma boa menina e, por favor, fazer o que o papai diz antes que ele tenha um ataque de nervos. Ela também se aperfeiçoou na arte vencedora do Oscar do esperneio, com direito a arquear as costas, chutar o ar, prender a respiração e gritar ao mesmo tempo e mudar de cor. Com as birras, os esperneios e o "não", me vi em todo tipo de situação constrangedora em que tive ou de ceder e dar a elas o que elas queriam ou me encolher em posição fetal e chorar. Esses anos são conhecidos como os Dois Deploráveis, e geralmente duram bem até o ensino médio.

Porém, se eu tivesse de escolher a melhor época para ser tanto pai quanto criança, seria o período em que se está aprendendo a andar. Pode ser a época mais desafiadora, mas é também a mais divertida. Nessa fase, as crianças têm todas as emoções bem ali, na superfície. Ainda não aprenderam a fingir e a subverter o que elas realmente pensam e sentem na vida. Deixam todo mundo presente saber enfaticamente o que elas querem, do que elas têm medo e quando elas precisam fazer o número dois. Não seria legal se você pudesse simplesmente entrar na sala do seu chefe e reclamar que você quer um bom aumento, depois se jogar no carpete, prender a respiração e arquear as costas caso ele não te dê esse aumento? Em um almoço da firma, durante um discurso, você poderia só segurar seu pipi, fazer uma dancinha e todo mundo saberia que você precisa ir ao banheiro. Mais tarde, aprendemos lentamente que, para funcionar em sociedade, precisamos suprimir e esconder os nossos medos mais obscuros e desejos mais profundos, o que faz sentido, suponho, porque você não ia querer dizer ao seu melhor amigo que, no fundo, morre de medo de envelhecer e de morrer e que você adoraria muito fazer sexo com a esposa dele. Quando você é criança, você diz o que tem que dizer e não poupa detalhes.

Por que é que nós gostamos tanto de crianças, quando lidar com elas pode ser um desafio tão grande? Primeiro, elas são fofas pra caralho. Não têm nenhuma das coisas repulsivas que vêm com a idade; rugas, acne, verrugas, pelos nas costas etc. Segundo, toda a existência delas se baseia em diversão. Elas só andam pela casa à procura de coisas com que brincar ou lugares divertidos para explorar, e tiram horas de divertimento de objetos comuns da casa, como uma vassoura ou um rolo de papel higiênico. Não sabem nada sobre guerra, pobreza, morte ou qualquer uma dessas coisas que nos fazem perder o sono de preocupação. Imagine se nós, adultos inteligentes, pudéssemos manter essa visão de mundo ao longo de toda nossa vida. Em vez de querer entrar em guerra com a Rússia, pelo contrário, ligaríamos para eles e perguntaríamos se eles gostariam de vir até aqui brincar.

Por mais divertida que uma criança seja, porém, ela também pode ser catastroficamente frustrante, a ponto de me impelir até a garagem à procura do maço de cigarros escondido que eu já não fumo mais. Esse é o começo do senso de independência de uma criança, quando ela começa a estabelecer a vontade de fazer as coisas do jeito dela e, assim como os adultos, pode ficar embriagada de poder. Você sente orgulho quando seu filho diz "Eu faço isso" da primeira vez que ele quer abrir a porta sozinho ou vestir as próprias calças, mas não tanto, daí em diante, quando ele insiste em derramar leite pela mesa toda, abotoar cada um dos seiscentos botões da blusa e demorar trezentos anos para entrar no carro e colocar o cinto de segurança quando você está com pressa. Tentei enxergar

126 PAPAI PUNK

essas coisas como habilidades importantes para o crescimento que elas estavam desenvolvendo, e não como táticas ardilosas ensinadas a elas por Satã para bagunçar a minha cabeça, para que eu pudesse poupar o meu cérebro e o meu fígado de muita encrenca.

"ÀS VEZES, O VOLUME DO PANDEMÔNIO DOS BAIXINHOS ERA ALTO O BASTANTE PARA CAUSAR UMA CARETA DE DOR ATÉ MESMO EM ALGUÉM QUE TEVE PAREDES DE AMPLIFICADORES DE GUITARRA MANDANDO DISTORÇÃO NOS OUVIDOS NOS ÚLTIMOS DEZ ANOS."

VOU DAR UMA VOLTA

Quando nossas filhas tinham por volta de um ano, engatinhavam com as mãos e os joelhos no chão e subiam cuidadosamente nas mesas de centro, é claro que nós começamos a nos perguntar quando elas dariam os primeiros passos. Invariavelmente, era aí que algum pai babaca chegava com o filho de um ano já andando e dizia "Ah, a sua não tá andando ainda? O pequeno Johnny aqui já anda desde os seis meses. Acho que algumas crianças não são tão avançadas quanto outras. Tenho certeza de que a sua não vai ficar andando de quatro como um animalzinho para sempre". Eu já mencionei que outros pais são uma merda?

    Depois de passarmos por isso com a filha número um, nunca nos apressamos muito para as nossas outras filhas darem os primeiros passos, porque, quando elas começam a andar, fica umas cem vezes mais difícil saber onde elas estão, e andar leva a escalar e a cair, e você nunca mais pode tirar o olho delas por muitas semanas por vir. Quando elas estão só engatinhando, pode ter certeza de que não vão andar até o forno, levantar o braço e pegar a panela de água fervente nem ligar o aquecedor na parede, porque ainda não conseguem alcançar nada perigoso. Você também não precisa se preocupar que elas abram a porta da frente e saiam andando pro meio da rua.

Quando nossas filhas finalmente ganharam coragem de tentar dar alguns passos sozinhas, isso abriu todo um novo mundo para elas, e toda uma nova caixa de dores de cabeça para nós, mas é ótimo ver o orgulho óbvio delas diante desse feito. Na noite em que a filha número um, ainda engatinhando, soltou-se das mãos da mãe e deu os seus primeiros passos cambaleantes pelo tapete em minha direção, com um sorriso de orelha a orelha, foi como conhecê-la pela primeira vez de novo. As crianças têm algo de pré-humano, até que comecem a ser bípedes como o resto de nós, e elas devem sentir que rastejar pelo chão as faz menos do que um cidadão completo da vida familiar. A filha número um ganhou um novo senso de orgulho e logo estaria passando a maior parte do tempo perambulando pela casa toda segura de si e audaciosa, observando todas as áreas que ela não conseguia ver como uma mera habitante do chão.

Adequar a casa às crianças é uma tarefa contínua para os pais e provavelmente termina com você fortificando o armário de bebidas quando elas se tornam adolescentes e transferindo todas as suas economias para contas *offshore* quando eles estiverem pensando em comprar uma casa. O novo status ambulante das minhas filhas significava que nós precisávamos manter a casa um pouco mais arrumada do que o estado de caos de costume e checar três vezes todas as áreas perigosas onde elas pudessem se dar mal. Novas caminhantes não vão simplesmente de engatinhar no tapete a desfilar feito modelos do dia pra noite. Elas estão sempre a um tropeço de distância de cair de cara no chão. Foram meses e meses de estrelas viradas, tombos e cambalhotas de desafiar a gravidade, então, manter a área de passagem delas o mais livre possível de restos de brinquedos e colocar amortecedores nas extremidades pontudas dos móveis foi de grande valia para reduzir as nossas contas médicas de emergência.

APRENDEU A ANDAR ENQUANTO EU ESTAVA LONGE

Quando estamos na estrada em turnê, não há muito o que fazer durante o resto do dia antes do show, então, em vez de ficar sem fazer nada durante a passagem de som, ouvindo o técnico de bateria chutar o bumbo repetidas vezes, até isso virar uma pulsação na minha cabeça, ou ser torturado ouvindo o Fletcher tocar versões mal tocadas de "Crazy Train" e "Enter Sandman" em um volume de estourar os tímpanos enquanto ele timbra a guitarra, experimentando todas as variações concebíveis de distorção só pra acabar usando exatamente a mesma regulagem que ele usa toda noite, gosto de dar um passeio e conferir o que há pra ver nas cidades em que estamos. Normalmente, só dou um giro, compro um brinquedinho ou uma camiseta "Hard Rock Amsterdam" para as crianças e tiro fotos de qualquer coisa estúpida que eu veja. Não demoro muito para perceber que essa é só mais uma cidade boba, com as mesmas lojas bobas, e não importa onde você esteja no planeta, no centro da cidade sempre haverá uma Starbucks, uma Subway e um McDonald's, depois uma joalheria, um fliperama, um clube de strip, algumas lojas de roupas e, é claro, a loja armadilha de turistas com cartões-postais, toalhas de praia, chinelos e cinzeiros de cerâmica em formato de abacaxi, e, depois de andar em círculos por duas horas, descubro que a sucessão desses estabelecimentos desesperados só se repete e se repete, até que eu comece a me sentir levemente nauseado.

Volto para o hotel e vejo os panfletos no lobby, com todas as coisas divertidas que eu deveria estar fazendo na cidade. *Desça as cachoeiras em um barco inflável! Pegue um bonde até o topo da montanha para vistas fabulosas da cidade! Passeie pelo lago em um hovercraft! Visite o museu de cera! Alugue um jipe conversível e dê uma volta pela região parecendo um completo babaca!* Todas essas coisas necessitariam de tempo, esforço e dinheiro, e esperas em filas, viagens de táxi e interações com humanos, e eu pondero por um segundo se um minuto de euforia valeria o investimento de tempo e dinheiro, enquanto aperto o botão do meu andar no elevador para ir me deitar e assistir à *Oprah* dublada em alemão.

Por fim, ligo para a minha esposa em casa e, embora seja meio-dia para mim, para elas é hora de dormir, e ela me conta que perdi muita coisa hoje. A filha número dois teve um jogo de futebol e marcou os três gols do time dela. Depois, quando Jennifer perguntou a ela se estava orgulhosa dos gols, ela respondeu "Sim, mas eu queria que o papai estivesse aqui para ver". Melhor ainda, porém, foi que depois do jogo elas estavam na sala e a número três deu os primeiros passos sem ajuda! De imediato, a letra daquela velha canção de Harry Chapin, "*...learned to walk while I was away*" ["*...aprendeu a andar enquanto eu estava longe*"], começou a ecoar na minha cabeça, canção essa sobre um cara que está muito ocupado com o trabalho e perdendo a infância dos filhos. Eu ouvia essa música repetidamente quando eu mesmo era criança e meu próprio pai estava longe a trabalho e perdia algum dos meus jogos na escola, e enquanto Jennifer falava sobre o quanto tinha sido ótimo e o quão orgulhosa ela estava de ter atravessado a sala sozinha por conta própria, aquele verso se repetia na minha cabeça, até meu coração afundar como uma rocha no meu peito e dali não sair pelo resto do dia.

Quando a filha mais velha pega o telefone, está lendo um livro, mas diz que a irmã a chutou hoje, só que, ao fundo, a número dois grita "ELA ME ARRANHOU PRIMEIRO!", e então a número um diz "NÃO ARRANHEI", e elas repetem "NÃO FIZ ISSO!", "FEZ SIM!", "NÃO FIZ!", "FEZ SIM!", "NÃO FIZ!", "FEZ SIM!" umas cinquenta vezes. Convenço-a a voltar ao telefone e a relembro do nosso trato: se elas forem bem legais com a mamãe, enquanto eu estiver fora, vou levá-las à Disneylândia ou à Legolândia, ou a algum lugar com "lândia" no final quando retornar, mas se elas brigarem muito, bom, então eu vou pegar os brinquedos que comprei durante a viagem e doá-los para algum orfanato. As duas gritam "NÃO!" e prometem que ficarão boazinhas e não vão brigar. Pergunto onde a mamãe está e elas dizem que ela está descarregando a secadora ou a lava-louças, e depois dizem que a pequenininha quer muito falar comigo. Ela pega o telefone e começa a falar "Pa-pa, pa-pa" na parte que serve para ouvir, e então sua voz começa a sumir à medida que alguma outra coisa chama a atenção dela e ela esquece que estou no telefone. Ela então só derruba o aparelho no tapete e vai embora. Sento no chão por um tempo, ouvindo-a conversar com as Barbies e noto que as duas mais velhas pararam de brigar, consigo ouvir que estão assistindo a *As Visões de Raven* ao fundo. A 16 mil quilômetros de distância, fecho os olhos e finjo que estou sentado na sala com elas, tento me materializar telepaticamente em casa, como em *Star Trek*, mas depois de um tempo abro os olhos, olho em volta e ainda estou em um quarto vagabundo de hotel assistindo à *Oprah* e me perguntando que diabos estou fazendo ali.

Mais tarde, naquele dia, tenho de dar uma entrevista na rádio para um jovem hipster babaca com roupas de brechó perfeitamente malcuidadas e costeletas estilo anos 1970 não irônicas, que insiste em comentar sobre como "a banda está na ativa há tanto tempo" e que "nós ainda estamos aí" e que "estamos aí há anos", e, enquanto ele fala, começo a me perguntar se Picasso, quando entrou na fase azul, teve de

MONSTRINHO DA MAMÃE 131

aguentar algum cara indie afetado em uma calça de veludo sublinhando continuamente o fato de que ele não pegou em um pincel pela primeira vez ontem. Todas as informações que ele tem sobre a banda estão erradas, dizendo que nós acabamos de lançar um álbum, quando na verdade o álbum saiu há um ano e meio, dá as datas da turnê erradas, fala o nome errado da nossa música que ele acabou de tocar, e depois diz na cara de pau que, na verdade, nem conhece a nossa música e que outra pessoa deveria estar fazendo a entrevista, ele só está substituindo. Dá pra notar que ele gostaria desesperadamente de estar entrevistando a última banda tendência do mês, de figurino vintage exatamente igual ao dele e que toca versões diluídas de U2, The Cure e Gang of Four, e que tem um grande hit na rádio hoje em dia, mas que estará completamente esquecida daqui um ano. Quando ele me pergunta pela décima segunda vez como é ainda estar lá, tocando no Warped Tour dez anos depois, sufoco o ímpeto de berrar "OLHA SÓ, EU ACABEI DE PERDER OS PRIMEIROS PASSOS DA MINHA FILHA DE UM ANO E OS TRÊS GOLS QUE A MINHA FILHA DE CINCO MARCOU NO JOGO DE FUTEBOL DELA, E AGORA ESTOU COM A MÚSICA 'CAT'S IN THE CRADLE' NA CABEÇA O DIA INTEIRO, ENTÃO, ESTOU CAGANDO UMA BELA MERDA PRA ESSE SEU PROGRAMA DESGRAÇADO E ESSE SEU PENTEADO INDIE IDIOTA!".

Em vez disso, sorrio educadamente e respondo que sim, é incrível que ainda estejamos tocando depois de tantos anos, e, não, nós não vamos mudar nosso estilo para nos alinharmos às últimas tendências do rádio, afinal, isso seria como pedir a Muddy Waters para parar de tocar blues ou a Pavarotti para parar de cantar ópera, e, sim, os shows têm sido bons, e, não, nós não temos nada novo planejado para o show de hoje à noite, e, sim, eu tenho algumas palavras finais para dizer aos nossos fãs na Bélgica. "Nunca abandonem a esperança, e sempre estejam lá para os jogos de futebol dos seus filhos!"

PEQUENO HOMEM, BOCA GRANDE

Assim que terminamos de nos preocupar com quando nossas filhas iam andar como todo mundo, começamos a nos preocupar com quando elas iam começar a falar como todo mundo. Desde muito cedo, elas começaram a fazer todo o tipo de som gorgolejante e barulhos variados, mas depois que começamos a ler livros para elas à noite, passam a imitar os sons da nossa fala e apontar para as coisas, perguntando "Quiéisso?". Daí em diante, nossa casa se tornou uma grande aula de fala, com a gente ensinando novas palavras a elas diariamente, só de falar com elas, instruí-las na maneira correta de pronunciar as palavras e estabelecer conversas sem sentido com elas sobre "Por que é roxo?".

A de dois anos ainda está estudando o terreno das inflexões gramaticais da língua inglesa, e, recentemente, durante um interlúdio silencioso durante um recital sinfônico da terceira série, enquanto estávamos sentados na arquibancada lotada do ginásio do colégio, com centenas de outros pais suarentos, ela gritou "PAPAI, MEU PEIDEI!". Tentei silenciá-la, mas ela insistiu que eu reconhecesse seu feito. "PAPAI! PAPAI! MEU PEIDEI! MEU PEIDEI!". Em outra ocasião, ela estava saltitando sem roupa depois de tomar banho, quando uma meia se acomodou na fenda glútea dela. As irmãs mais velhas gritaram de deleite, "Olha o cofrinho dela!". Todos nós rimos histericamente ao ver a meinha pendurada nela feito uma cauda. Ela então deduziu que sempre que você precisasse dar uma boa gargalhada, só precisava gritar "Cofrinho" e todo mundo ia adorar. Isso se provou problemático quando, no supermercado, ela respondia às caixas que perguntavam seu nome: "Cofrinho", ou quando nossos dois vizinhos idosos estavam indo embora depois de uma conversa educada na calçada e ela gritou para eles "TCHAU, COFRINHOS!"

Demora tanto até que eles comecem a organizar sentenças de fato, que você pode se convencer de que seu filho tem um problema de fala. A filha número um, por volta dos três anos, gaguejava como um motor que não dava partida. "O qu-qu-qu-qu-qu-qu-qu-qu--qu-qu-qu-que é isso, mamãe?" Nós, é claro, ficamos apavorados e preocupados que ela nunca superasse isso, mas, depois de alguns meses, a gagueira enfim sumiu. A filha número três começou com isso também e nós ignoramos, e em uma semana tinha passado. A filha número dois, porém, teve muita dor de ouvido quando pequena e precisou usar tubos no ouvido, o que afetou sua audição e fala. Ela dizia "*geel*" ("miina") em vez de "*girl*" ("menina") e fazia confusão com os Rs e Ls, como se fosse uma pequena falante nativa de japonês. Por fim, depois de algumas sessões com uma fonoaudióloga, o problema foi resolvido e nós nunca precisamos contratar um matador de aluguel de cinco anos para dar uma surra no moleque que provocava minhas filhas por falarem que nem bebê.

Tentamos não deixar essas questões peculiares de fala das nossas filhas nos incomodar, a menos que o problema não se resolvesse sozinho ou parecesse que necessitava de auxílio profissional. Logo elas estavam falando incessantemente, especialmente na idade entre sete e nove anos, quando raramente paravam, isso se é que paravam, de tagarelar coisas sem sentido, de cantar músicas estranhas, de fofocar, de reclamar, de provocar e de choramingar, basicamente falando e falando sobre qualquer coisa, até que eu ganhasse uma dor inerte entre as orelhas devido ao blá-blá-blá constante. Agora, me pergunto por que eu sequer me preocupei se elas falariam.

TREINAMENTO NO VASO

Defino a passagem de um bebê para uma criança quando seu filho já anda e fala, mas alguns podem incluir aí a habilidade de fazer cocô no vaso, em vez de em um pano no meio das pernas. Fazer a criança passar de alguém que faz as necessidades sentada no sofá da sala a alguém que as faz sentada em uma privada pode ser um processo simples ou envolver meses de tormento. Começamos a treinar as meninas para usar o vaso tentando convencê-las de quão feio, fedido e nojento era ter uma fralda cheia de cocô quente entre as pernas, depois mencionamos – como quem não quer nada – que as pessoas estavam começando a falar disso pelas costas delas.

O que geralmente me levava a exclamar em voz alta para minha esposa "O TREINO DO VASO COMEÇA AGORA" era um episódio que acontecia em graus variáveis com as nossas três filhas nas minhas experiências como trocador de fraldas. Eu estaria trocando as fraldas sujas como em qualquer outra vez, mas, de repente, antes que eu pudesse gritar "NÃO!", elas alcançavam e metiam a mão com tudo, até o cotovelo, na sujeira no meio das pernas. Meus instintos de "lutar ou correr" não me permitiam esperar o tempo que levaria para encontrar um pano apropriado ou um lenço umedecido para limpá-las, então, eu usava minha camisa, ou as roupas das bebês, ou o pano do trocador, qualquer coisa que estivesse ao meu alcance. Dentro de cinco segundos, tudo ao meu redor, eu mesmo, a bebê, a maior parte das nossas roupas, toda a mobília, tinha um tolete de cocô fresco. Não se trata de quando o bebê está pronto para ser treinado para o vaso, mas sim de quando você está.

Assim começam as semanas mais sujas de toda sua vida. Vai ser uma verdadeira tempestade de merda. Depois que cometemos o erro de tentar treinar um filhote de cachorro ao mesmo tempo em que ensinávamos uma bebê de dois anos a usar o vaso, entrar na nossa sala era como seguir uma parada equestre no dia de Ano-novo. Isso porque basicamente a única maneira que bolamos de convencer uma criança a usar a privada é tirar a fralda e dizer a ela que agora passaria a usar roupas de baixo de "criança grande". Por mais animadas que elas fiquem com a notícia, ainda passarão várias semanas brincando com a cozinha de plástico com xixi escorrendo pela perna até perceberem que não estão mais usando fralda.

    O período em que estávamos ensinando as nossas filhas a usar a privada pediu muita paciência, como tudo que envolve ter filhos. Basicamente, se tratava de ter muito limpador de tapete de nível industrial à mão, e quando o vazamento de uma fralda cheia se espalhou por todo o banco de couro sintético do meu carro e penetrou pelas costuras e eu mandei fazer uma higienização profissional, mas o cheiro nunca foi embora por completo, tentei canalizar a minha frustração em alguma válvula de escape aceitável que não se tornasse o equivalente biológico de socar minha cabeça em uma parede de tijolos. Antes que eu me desse conta, elas já estavam sabendo usar o vaso e eu não precisava reviver o drama de duas mãos cheias de cocô, pelo menos não até a próxima filha.

PAUSA PRO XIXI

Não surpreende que esse período seja um tanto quanto assustador para muitas crianças. Adultos são gigantes e podem te pegar na mão a qualquer momento, enquanto você está brincando, fazer caretas feias e te pôr de volta no chão quando quiserem. Você se machuca muito ao tropeçar, espeta os dedos nas coisas e bate a cabeça em todo lugar. Você nunca sabe qual será a próxima vez que vai se machucar ou morrer de susto. Por conta disso, é muito fácil para elas desenvolver uma leve condição de ansiedade de separação e alimentar vários medos irracionais. Cometemos o enorme erro de deixar nossa filha de dois anos assistir a *Toy Story* antes de estar pronta para isso, e por anos ela teve medo de que suas bonecas de repente criassem vida e começassem a falar com ela no meio da noite. Geralmente entre um e dois anos, se as minhas filhas não conseguissem encontrar a mim ou a minha esposa, surtavam completamente. A filha número um seguia minha esposa pela casa com qualquer brinquedo que ela tivesse à mão, indo da cozinha para o quarto, arrastando a Casa da Barbie ou o pônei de pelúcia em tamanho real atrás dela.

Além de ter um raciocínio rápido, ler bastante, ser inteligente e fofíssima, a filha número um sempre foi meio temerosa, um pouco agitada, facilmente assustada, ansiosa em certas situações, apavorada com a própria sombra, apreensiva em territórios não familiares, amedrontada por objetos do dia a dia, preocupada com o desconhecido e tímida. Adoro isso nela. Ela tem aqueles medos infantis corriqueiros de monstros dentro do armário, esqueletos debaixo da cama e loiras do banheiro, mas também tem medos irracionais, como estar sozinha em uma sala e vomitar. Quando ela era menor, tinha medo de coisas que esticavam e podiam estalar, como elásticos, luvas de látex e bexigas, e, quando bebê, se você espirrasse inesperadamente, ela chorava por horas.

Gosto de gente que tem uma boa dose de ceticismo e apreensão na vida. Gente realista. Para cada explorador audacioso e aventureiro de coragem cega, que vive jogando o cuidado ao vento, tem de haver alguém com um pouco de senso comum e hesitação, que diga "Você tem certeza de que nós devemos cruzar esse desfiladeiro íngreme, usando a ponte de corda velha e surrada? A gente não pode só dar a volta?". Confio que não precisarei ficar preocupado de ela fazer escalada ou bungee jumping quando for mais velha, porque ela não gosta de subir nem na escada do escorregador no parquinho.

Desde muito nova, ela também desenvolveu um medo patológico de privadas. Ela nunca dava descarga, nem queria estar perto quando alguém puxava a alavanca e a torrente de água começava a descer. Quando ela tinha cerca de três anos, perguntei de onde vinha esse medo e ela respondeu que tinha visto um desenho animado em que todos os personagens eram sugados para dentro da privada. Imagino que, para uma criança pequena, o redemoinho molhado e incessante devorando tudo o que há nele pode parecer um pouco assustador, e ouvi falar de outras crianças que compartilham dessa fobia. O problema é que ela não tinha superado isso com quase quatro anos de idade. Ela não tinha problema em fazer xixi no vaso, contanto que você não desse descarga com ela por perto, mas quando tinha de fazer o número dois, ela nos fazia colocar uma fralda nela bem rápido para resolver o assunto, de pé, ficando vermelha, apoiada no vaso. Todo especialista em parentalidade vai dizer o quão vergonhosamente indulgente isso era, e que nós deveríamos tê-la forçado a fazer o número dois no vaso anos antes, mas era a nossa primeira filha, nós a deixamos fazer o que quisesse. Ela poderia ter exigido fazer nas nossas mãos, e provavelmente nós teríamos aceitado. O problema é que um medo patológico de privadas tornava problemático fazer xixi em certos banheiros públicos.

Eu não tinha percebido o quão sério isso tinha ficado até que, uma tarde, a levei para o shopping para ajudá-la a comprar um presente de Dia das Mães. Dez minutos depois de chegarmos, ela me diz que precisa ir ao banheiro. Parece que não é um problema para as mulheres levar os filhos pequenos aos banheiros femininos, porque, aparentemente, esses lugares são tipo lounges de luxo, com mesas trocadoras, dispensadores de absorventes e uma equipe à disposição para providenciar tudo o que uma mãe precisa para fazer as tarefas de mãe. Por outro lado, os banheiros masculinos são meio que lugares desolados e proibitivos. Eu realmente não gosto de levar minha filha ao banheiro masculino, porque nós não somos as mais gentis das criaturas, e há uma grande chance de ela ouvir, ver ou sentir o cheiro de algumas coisas que podem traumatizá-la para o resto da vida.

Assim, no intuito de encontrar um banheiro privado para ela fazer o que precisava fazer, entrei numa Foot Locker e perguntei ao juiz de futebol de dezesseis anos, atrás do balcão, se poderíamos usar o banheiro. "Desculpe, senhor. Não podemos deixar clientes usarem o banheiro. É somente para funcionários da Foot Locker."

Corri até um tipo de loja de produtos de beleza, onde havia uma senhora mais velha, com toneladas de maquiagem berrante espalhadas por todo o rosto, raízes grisalhas sob o cabelo bem preto e óculos bifocais, pairando sobre uma garota latina adolescente que trabalhava no balcão, o qual estava lotado de todo tipo de kit de maquiagem, cápsulas de brilho labial e lápis de olho, e o cheiro combinado dos perfumes florais era sufocante. Embora elas parecessem estranhas no meio daquela butique de produtos de beleza perfumada, ambas me olhavam de forma esquisita. Sendo músico de uma banda de skate punk, e não alguém que precisa bater ponto todo dia, sem ninguém para impressionar, quando não estou em turnê não me preocupo muito com a minha aparência física. Raramente tomo banho, deixo uma barba por fazer por cinco dias e nunca lavo ou penteio o cabelo. Estou vestindo a bermuda e a camiseta amassadas em que dormi, provavelmente não estou cheirando muito bem, e estou segurando a mão de uma garotinha, pedindo para usar o banheiro delas. De repente, percebo que essa cena está um pouco estranha.

Elas concordaram relutantemente em nos deixar usar as instalações e, na minúscula sala dos fundos da loja, lotada de caixas de todo tipo de perfumes persistentes e maquiagens, encontro um banheiro ainda mais minúsculo. Para uma loja de produtos de beleza, que vende produtos para melhorar a sua aparência e imagem pública, eles negligenciaram seriamente o banheiro, que está precisando desesperadamente de uma recauchutagem. Há manchas de umidade enferrujadas, partículas estranhas na superfície do vaso e vários fios de cabelo preto sobre a tampa.

A filha número um dá uma olhada e diz "Hã-hã. De jeito nenhum".

"Vamos, abobrinha. Você só fica em cima da tampa. O papai segura você e você nem vai precisar sentar no assento." Percebo, pela expressão dela, pelos olhos tristes e pelos braços cruzados, que ela não está convencida.

Agora, estamos andando em zigue-zague pelo shopping, passando por diferentes lojas na tentativa de encontrar um banheiro, e ela está reclamando, "Paaaapaaaaai, eu preeeciso muuuuitooo iiir agooooraaa!". Vou até a loja de discos Sam Goody e recebo a resposta de "Apenas funcionários" do adolescente espinhento no caixa. O novo CD do Marilyn Manson está tocando tão alto na loja, que mal consigo ouvir o que ele diz. Estou prestes a sair quando decido bruscamente fazer algo que prometo a mim mesmo nunca fazer. Soltar a bomba-P. Isso nunca dá certo.

"Ei, você curte punk rock?"

"É, acho que sim." Ele também está olhando meio esquisito pra mim, provavelmente por não estar acostumado a atender caras estranhos com crianças perguntando sobre seu gosto musical às onze horas da manhã de uma terça-feira.

"Já ouviu falar no Pennywise?"

"Hã?"

"Sabe, Epitaph Records? Rancid? Offspring? NOFX?"

"O álbum novo do Offspring tá em promoção agora, ali no terceiro corredor."

"OK, mas eu sou da banda Pennywise. Sou o vocalista. Teria um jeito de você me dar uma colher de chá e me deixar usar o banheiro pra minha filha fazer xixi?"

"Ah, OK, hum. Bom, hum. Não. O meu gerente pode voltar a qualquer momento, e eu acabei de conseguir este emprego, e não quero ser pego. E, ah, eu curto mais gótico e rap."

Que porra foi essa? Eu acabei de ser tirado pelo moleque da Sam Goody? Não acredito. Estou tão desesperado, que estou dando carteirada com o nome da minha banda e tendo meu ego estraçalhado só porque minha filha tem medo de privadas.

Puxo minha filha pelo braço pra fora da loja, deixo o mini-Marilyn sozinho com o mau gosto musical dele e vamos até a loja ao lado, uma loja de malas/carteiras/canetas caras operada por dois caras peludos que aparentam ser turcos. Depois de explicar minha situação a eles duas vezes, um deles diz "O quê? Ela quer usar a banheiro?". Conversam em turco entre si por, tipo, cinco minutos e, a essa altura, minha filha está visivelmente apertada, cruzando as pernas e ficando amarela. Eu berro "POR FAVOR SÓ ME DEIXEM USAR O MALDITO BANHEIRO! POR FAVOR!".

O mais peludo aponta para a porta que leva aos fundos da loja.

Encontro a privada dentro da floresta de caixas de papelão, e ela está estranhamente imaculada. Não consigo deixar de ponderar por um momento por que o banheiro dos dois caras turcos peludos é tão mais limpo do que o das mulheres da loja de produtos de beleza. Sei lá.

Minha filha levanta o vestidinho e parece estar pronta para o xixi, mas de repente para de se agachar e diz "Que som é esse?".

"Quê? Nada. Não ouvi nada."

"Não, escuta."

Não ouço absolutamente nada. Está estranhamente quieto lá dentro, as caixas de malas ao redor do banheiro propiciam um isolamento sonoro melhor do que alguns estúdios caríssimos em que já estive. Tudo o que escuto é o som tímido da água sibilando levemente na privada.

"A privada tá fazendo barulho."

Então, me lembro que ela não suporta quando uma privada parada está vazando ou se enchendo novamente de água bem devagar. Isso provavelmente a lembra uma cascavel pronta para dar o bote e puxá-la pelas presas de porcelana para dentro do encanamento e devorá-la.

"Tá me assustando, quero outro vaso."

"Sério? Você não tá falando sério. Você tá falando sério. Meu Deus, eu vou matar a sua mãe." Sempre que minhas filhas têm qualquer tipo de minipsicose ou medo irracional, é sempre culpa da minha esposa.

Em dado momento, nós finalmente chegamos a uma loja de fotografia cuja funcionária parece ser mãe de alguém e diz que claro, nós podemos usar o banheiro, e minha filha pergunta se é um vaso limpo que não faz barulhos estranhos, e ela diz que sim, e que entende perfeitamente e que ela também não gostava de vasos assustadores quando era pequena. Dou um longo suspiro de alívio, é ótimo estar finalmente na presença de alguém empática à minha situação e, quando o xixi finalmente vem, embora não seja eu a fazer, me alivio tanto quanto se tivesse segurado meu próprio xixi durante a prorrogação de um jogo de futebol.

DISTORÇÃO SOCIAL

Recentemente, Jennifer e eu estávamos em um churrasco de aniversário/feriado de Memorial Day[1], esparramados pela grama, brincando na enorme sequoia com balanço/escorregador/casa da árvore, e, no escorregador inflável gigante alugado, estavam bebês e crianças de todo formato, tamanho e cor, correndo, gritando, brincando e tendo aquele típico surto de festa no quintal. Depois de devorarem cachorros-quentes, hambúrgueres, bolo de aniversário e sorvete, todos estavam em uma loucura febril de excesso de açúcar. Às vezes, o volume do pandemônio dos baixinhos era alto o bastante para causar uma careta de dor até mesmo em alguém que teve paredes de amplificadores de guitarra mandando distorção nos ouvidos nos últimos dez anos. Havia

---

[1] Feriado nacional americano que acontece anualmente na última segunda-feira de maio. Também conhecido como Decoration Day, o feriado homenageia os militares americanos que morreram em combate.

meninos mais velhos brincando de luta e de duelo com espadas de plástico e meninas mais novas se esgueirando pela festa e elaborando maneiras de envergonhar umas às outras ao dizer aos meninos que uma delas gostava deles, mas também havia bebês pequeninos ainda sem cabelo brincando na areia com baldes e pás, agarrados a bonecas e mamadeiras. Minha esposa e eu, sentados em cadeiras de praia ali por perto, bebericando margaritas e batendo papo com alguns dos outros pais sitiados, ficamos chocados quando, na nossa frente, nossa filha de dois anos, normalmente um docinho, de repente pegou de volta da mão de uma garotinha uma boneca com a qual estivera brincando e a outra pegara do chão inocentemente. Quando a parte ofendida protestou, ela bateu na cabeça da menina com a boneca três vezes e gritou na cara da criança horrorizada e levemente desconcertada *"NÃOOO! MEEEUUU!"*. Nós a levamos para dentro e tentamos explicar que ela tinha de aprender a compartilhar e que não podia bater nas outras pessoas quando elas fizessem algo que ela não gostasse. Ela só olhou para nós como se fôssemos malucos ou tivéssemos tomado margaritas demais, porque de jeito nenhum alguém ia tirar a boneca favorita dela e sair sem tomar uns cascudos.

Embora soubéssemos das tendências sociais das nossas filhas, assim que elas começaram a andar e a falar, soubemos que tínhamos de começar a deixá-las socializar com outras crianças da mesma idade. A princípio, é ótimo quando duas crianças se aproximam e começam a falar abobrinhas e ficam todas animadas em ver outra pessoa da mesma altura diante delas. Infelizmente, essa fofura só dura uns dois segundos, até uma descobrir que a outra tem algo que ela quer ou a vir sentada no balanço favorito. Essa não era hora de deixá-las sozinhas e resolver as coisas por conta própria, porque isso geralmente resultava em doídos socos de bebê e alguém ia sair dessa altercação sem um punhadinho de cabelo. Nesse estágio inicial da vida delas, se as coisas dão certo, elas podem construir uma amizade duradoura, que vai provê-las com anos de memórias queridas; se dão errado, paramédicos podem ser chamados e alguém pode prestar queixa.

VIOLÊNCIA ENGARRAFADA

Pessoas são violentas. Todos nós sentimos uma vontade de estrangular alguém, em um momento ou outro, e quando eu precisava dirigir do trabalho para casa na rodovia 405 todos os dias, sentia essa vontade várias vezes ao dia. Há algumas pessoas que, se eu pudesse me safar, como se Deus e a polícia de algum modo se distraíssem, eu juro que poderia arrancar os olhos delas direto do crânio. É OK se sentir assim de vez em quando. As pessoas te irritam. É natural. Por sorte, somos todos seres humanos civilizados e sabemos que agir sob nossos impulsos violentos é moralmente errado. Logo depois de cogitar a ideia de arrancar os olhos de alguém, você cai em si e percebe que não é tão legal machucar uma pessoa só porque ela te deixa irritado, mas, mais importante, mesmo se você curtisse fazer isso, virar o Detento do Mês é uma merda bem grande.

Infelizmente, crianças pequenas não se dão conta de que não devem agir sob seus impulsos violentos. O problema é que a criança que é socada, chutada ou mordida não vai gostar muito disso, nem os pais dela, especialmente o pai. Sei que quando minhas filhas são socadas, mordidas ou chutadas por alguma criança, demora um bom tempo até eu me convencer a não entrar no carro, ir até a casa da criança autora do crime e dar uma surra no pai da família no jardim deles.

Tínhamos de ser extravigilantes quando recebíamos mordedores ou batedores notórios para brincar. Por alguma razão, muitos dos pais dos mordedores são alheios à coisa toda ou agem como se não fosse nada de mais, e fazem pouco para parar o comportamento. Conhecemos um pai que, quando o filho bate ou morde, só diz "O que eu posso fazer? Ele tem dois anos". De novo, ou ele é um completo imbecil ou não consegue reconhecer isso como um comportamento extremamente sem consideração. Nunca é cedo demais para começar a instruir as crianças a maneira correta de agir e o significado da palavra "Não!" com o dedo apontado para elas, só não o do meio. Não sei como alguns pais conseguem ensinar os filhos a não fazer coisas como atravessar a rua no meio dos carros, mas não percebem que provavelmente têm de dizer a eles a não bater ou morder outras crianças. Isso se chama ser pai, dá uma olhada. Você gostaria que eu chegasse e mordesse o seu ombro? Ia gostar menos ainda se eu fizesse isso e a minha esposa dissesse "O que eu posso fazer? Ele tem quarenta anos!".

Eu nunca disse a outro pai ou mãe como criar os filhos deles, porque certamente não sou nenhum especialista. Não acredito que ninguém seja. Até o tal do Dr. Spock provavelmente teve muitos problemas com os filhos dele, caso contrário, não saberia como escrever um livro sobre isso. Mas sei o que é senso comum, e, na maioria das vezes, como não ser um babaca. Algumas situações são impossíveis de evitar, mas há muitas que são fáceis de impedir, contanto que você obedeça à regra de ouro de "não ser um babaca com os outros". Se você não quer que o seu filho fique doente o tempo todo, não leve o seu filho doente para brincar, e se você não quer que seu filho volte pra casa com uma mordida no braço, ensine ele a não bater nem morder.

Houve outras situações sociais em que a filha número um ia a uma festa de aniversário ou um evento e ficava tão tímida, que só ficava atrás de nós, agarrada às nossas pernas, e sempre que a anfitriã bem-intencionada ou outra criança vinha até ela oferecer um brinquedo ou um pedaço de bolo para tentar trazê-la para a festa, ela enterrava a cabeça nas nossas calças e chorava. Não faço ideia por que estar no quintal de alguém cercada de amigos, brinquedos e *piñatas* causaria uma vergonha social tão extrema, mas aparentemente causava. Inventávamos desculpas e dizíamos que ela tinha acabado de acordar de uma soneca ou que estava ficando doente, para que o anfitrião rejeitado não se sentisse ofendido, e assim nós também não precisávamos admitir que nossa filha tinha herdado um pouco da ansiedade social extrema que nós dois tínhamos sofrido quando crianças.

As crianças surgem com toda variedade de temperamento. Algumas são confiantes, sociáveis e extrovertidas, ao passo que outras são um pouco mais tímidas e cautelosas. Algumas gostam de ler livros silenciosamente no canto, enquanto outras gostam de subir em árvores e atirar pedras em carros. Minhas filhas atravessam todo o mapa de temperamentos, então, eu tenho de incentivar a mais tímida a ser um pouco mais extrovertida para fazer novos amigos, e depois tentar impedir a mais agressiva de jogar um brinquedo qualquer na cabeça dos amiguinhos. A filha número dois nunca teve muitos problemas em reuniões sociais e geralmente é a primeira a querer demonstrar suas habilidades de ginástica e chutar a bola de futebol favorita no jardim do vizinho, mas houve ocasiões no jardim de infância em que ela não conseguia achar ninguém com quem sentar na hora do almoço, e isso a preocupava tanto, que ela passava a noite acordada com dor de estômago. Justo quando eu achava que tinha me livrado das pressões sociais do ensino médio, da faculdade e da paquera, precisei passar por tudo isso de novo com as minhas filhas, ruborizando quando elas não se juntavam à festa ou, pior, quando amassavam o crânio de alguma criança com uma boneca.

Quando levamos nossas filhas para brincar na casa de alguém, tentamos frisar para elas que elas precisam se comportar o melhor possível, tentar se lembrar de dizer bastante "por favor" e "obrigado", e brincar de acordo com as regras da outra família, se quiserem ser convidadas de novo. A filha número um, quando dorme na casa das amiguinhas, tem o estranho hábito de tentar se enturmar com a família anfitriã divulgando os segredos mais profundos e obscuros da nossa família. Uma mãe a trouxe de volta no outro dia de manhã e disse que ela cochichou a eles que "às vezes o papai fuma cigarros na garagem, mas a gente não pode saber", e outra mãe nos ligou para dizer que, quando a colocaram para dormir na noite anterior, ela confessou que "meu pai peida dormindo". Jennifer tinha dito isso brincando certa vez que comentei que ela falava dormindo, e aparentemente a de seis anos tomou como um fato. Apesar de que ela já subiu na nossa cama no meio da noite o bastante para ser uma autoridade no assunto.

Quando você recebe uma criança em casa para brincar, se torna responsável pelo orgulho e pela alegria de outro pai. Um relatório completo aos pais sobre tudo o que aconteceu, quando eles vêm buscá-las, é obrigatório, porque você não deseja uma situação em que a criança diz algo confuso aos pais que fique feio pra você. Uma vez, minha filha mais velha recebeu uma amiga para dormir em casa e eu estava no meu quarto assistindo aos *Sopranos*. Quando elas entraram no quarto de repente, eu disse a elas que a série que eu estava assistindo era só para adultos. A menina voltou pra casa dela e disse aos pais que enquanto elas brincavam, eu ficava no quarto assistindo a filmes de adultos.

ME DÁ, ME DÁ, ME DÁ

Então, seu amigo chega e quer emprestada sua edição importada limitada em vinil verde de *Walk Among Us*, do Misfits, e você na mesma hora começa a catalogar mentalmente todas as coisas que ele pegou emprestadas ao longo dos anos e trocou por dinheiro de maconha ou te devolveu numa condição extremamente alterada, em geral envolvendo urina de gato e algum tipo de mancha. Você inventa uma desculpa, dizendo que sua irmã mais nova precisou pegar emprestado para um trabalho de ciências sobre a resiliência das mídias plásticas, mas ele sabe que você está inventando e não te convida para a próxima festa, por ser um babaca egoísta e não se desapegar do seu precioso disco importado do Misfits, seu porco materialista!

Imagine, então, que você tem dois anos de idade e uma boneca Floppy Moppy com quem você dorme todas as noites, baba em cima, enxuga as lágrimas e o nariz, agarra quando está com medo ou se sentindo sozinha, arrasta pela casa e até já estapeou e bateu numa encenação bizarra depois de uma briga que seus pais tiveram. Então, certo dia sua mãe traz uma amiga em casa, que solta o pirralho dela na sua frente, usando um capacete para alterar o formato da cabeça e com ranho verde borbulhante escorrendo do nariz. Ele te vê agarrada à sua mais estimada posse e nem se importa com o seu novo e brilhante carro de bombeiros ou sua pista de Hot Wheels; ele quer a Floppy Moppy agora! Tenta tirá-la de você, e, quando você recua em horror, ele se joga no chão e faz uma birra violenta e convincente. Sua mãe tira a Floppy das suas mãos, dá ao Moleque do Capacete, aponta o dedo pra você e te diz "É melhor você aprender a 'compartilhar'".

Crianças odeiam compartilhar, e nós também. Elas compartilham prontamente qualquer coisa com que não se importem: ervilhas, meias velhas, brinquedos com que já brincaram um milhão de vezes, mas quando se trata de algo que elas realmente amam ou querem guardar para si, ser forçado a entregá-lo para outra pessoa parece a traição definitiva. "Espera aí. Você me deu à luz, me veste e me dá de comer e põe um teto acima de mim, mas entrega a minha Floppy Moppy pro primeiro imbecilzinho que chega da rua? Que traição! Que tipo de pai Dr. Jekyll e Mr. Hyde você é?". Sempre que forço minhas filhas a compartilhar, elas olham para mim como se eu estivesse pedindo a elas que cortassem um membro. Compartilhar é algo superestimado, no meu entendimento. Raramente funciona antes de dois ou três anos de idade e, depois disso, só acontece de forma rancorosa. As crianças sabem que compartilhar é uma merda e não escondem que odeiam fazer isso. Na verdade, minhas filhas adoram ostentar e exibir na cara das irmãs o pacote de chiclete ou o novo brinquedo que elas ganharam e não precisam compartilhar. Assim, quando eu digo a elas que precisam compartilhar, parece que estou pedindo que arranquem todos os dentes. Não parece muito justo. Na verdade, para elas, é extremamente terrível.

Não sei dizer quantas vezes percorri a loja da F.A.O. Schwartz, em Nova York, ou a Toys "R" Us, em Torrance, à procura do presente de aniversário perfeito para cada filha, ou me esgueirei pela loja de doces na Disneylândia para comprar um daqueles pirulitos espirais enormes que são maiores que a sua cabeça, ou fiquei acordado até tarde montando um carrinho de bebê de boneca mais difícil de montar do que um de verdade, para depois apresentar essas preciosidades arduamente obtidas às minhas filhas, esperando os elogios abundantes que eu tão sinceramente merecia, só para vê-las rejeitar o presente porque gostavam mais daquele que a irmã tinha ganhado. "Bem, vocês duas não podem compartilhar?", eu digo humildemente. E então vêm as lágrimas. "Como você pôde dar a ela exatamente a coisa que eu queria?", é o que cada lágrima pesada diz. "Você ama ela tão mais assim?" Na expectativa por alegria efusiva e agradecimentos pelo meu trabalho duro, em vez disso sou um traidor sem coração. Isso é parte da frustração de arrancar os cabelos da qual falei antes, e, para lidar com ela, eu geralmente só dou de ombros, murmuro que não consigo vencer, e vou para a garagem tocar músicas nervosas do Black Flag por uma hora.

MONSTRINHO DA MAMÃE 149

Isso nos traz a um outro ponto. Há muito pouco meio-termo para as crianças. Ou você é o melhor pai de todos os tempos, o herói do mundo, o pai da década, que não tem como errar, ou você é o pai mais odioso, detestável e decepcionante que já fez sombra nos cantos de um quarto de brincar, e você pode ir de um extremo a outro dentro de uma única conversa. Houve milhares de episódios na nossa experiência como pais em que eu achava que estava fazendo um ótimo trabalho, só pra descobrir pelos olhos delas que não poderia ter traído sua confiança de maneira tão tortuosa nem se tivesse jogado todos os seus brinquedos favoritos em um triturador de árvores.

As crianças sabem que compartilhar é uma merda e não escondem que odeiam isso. Quando você está sozinho em casa, os irmãos sabem o que é deles e o que não é, mas é só trazer amigos ou crianças da vizinhança à equação, que as coisas começam a ficar complicadas. Os amiguinhos não vão ficar sentados lá sem nada com que brincar, mais quais brinquedos os seus filhos estão dispostos a compartilhar, e quais eles irão guardar como o Santo Graal? É difícil dizer, mas se você não conseguir descobrir, os conflitos do compartilhamento podem fazer as melhores amizades desandarem, porque as crianças não serão capazes de se dar bem, ou pior, vão começar a se bater na cabeça com caminhõezinhos.

Para ajudar a evitar situações embaraçosas e manter a paz, nós começamos a esconder os brinquedos selecionados que sabíamos que nossas filhas ficariam furiosas se algum merdinha viesse em casa e sequer respirasse o mesmo ar onde se encontra o boneco do Buzz Lightyear. Discutimos com antecedência o que elas estariam dispostas a compartilhar com os amigos e o que precisaria ficar guardado e hermeticamente selado, longe dos invasores da brincadeira. Uma opção mais cara é comprar dois brinquedos iguais para as irmãs que você sabe que podem ficar extremamente enciumadas se uma ganhar a Barbie Tamanho Real e a outra não, que foi o fato que arruinou nosso Natal um ano desses. Mesmo com todo esse trabalho com antecedência, às vezes, você ainda enfrentará um problema de compartilhamento enorme em alguma festa de aniversário, e provavelmente precisará arrastar a criança a berrar para fora da casa, e todos os seus amigos vão pensar que você é um pai terrível, então vá em frente e comece a se planejar pra isso agora.

REGRAS INVENTADAS POR VOCÊ!

"Minha filha não parece sentir a mesma necessidade de se rebelar que eu senti. Ela lida bem com qualquer regra que seja aplicada a ela. Acho que meu filho é quem terá problemas nessa área. Pelo menos em relação às regras que estabelecemos pela casa, ele não é muito bom em segui-las. Com a minha filha, não é uma questão muito grande, porque nunca precisamos estabelecer muitas regras para ela, mas o meu filho é quem terá dificuldade em obedecer autoridade."

Crianças se comportam mal. Às vezes, elas querem tanto alguma coisa, que se dispõem a arriscar castigo e machucado para conseguir. Crianças não só querem as coisas, elas querem "muuuuuuiii-tooo, muuuuuuiiitooo, por favor papai, por favooooor papai, faço qualquer coooiiisaaa". Outras vezes, elas estão simplesmente tão cheias de energia e impulsivas, que não resistem a chutar uma bola de futebol o mais forte possível na sala de jantar. Há uma fração de segundo entre pensar em fazer algo arteiro e divertido e se dar conta de que não é uma boa ideia. Se você não conseguir um jeito de agir nessa fração de segundo entre elas terem a ideia de escrever "Papai é um cara de bunda" com caneta tinteiro na parede da sala e levarem o plano a cabo, nada vai impedi-las.

Por ter crescido punk e desordeiro, não tenho dificuldade em me lembrar do quão fácil era me meter em encrenca, mas agora estou na estranha posição de ter de ensinar as minhas filhas a se comportar para que eu não precise ir constantemente à sala do diretor pra livrar a cara delas. Há centenas de livros, e agora até programas de TV, sobre como disciplinar e lidar com crianças desobedientes, cada um deles defendendo suas próprias técnicas supostamente superiores e à prova de falhas de como botar no laço uma criança impulsiva e de personalidade forte, com todo tipo de bordão bonitinho e admoestação pra você tomar o controle da situação e não deixar o seu filho de três anos te controlar, como se isso fosse a coisa mais fácil do mundo, se você apenas seguir o plano de três passos patenteado deles.

De todas as palestras a que assisti sobre o assunto, e de todos os programas de TV e livros que vi e li, nenhum jamais me deu instruções reais, definitivas e concretas sobre o que fazer quando o seu filho tiver um completo acesso de raiva no meio do Wal-Mart ou partir violentamente pra cima de você no parquinho. Todos eles lidam com isso de uma maneira vaga e esotérica, explicando que você deve mostrar à criança quem manda, administrar disciplina positiva e dizer à criança que não é delas que você não gosta, mas do comportamento delas, mas como é que dizer isso a elas impede a sua filha de quatro anos de arrancar dois tufos de cabelo da menina que acabou de sentar no balanço favorito dela no parque? Acredite, não impede. Elas vão olhar pra você e dizer "Fico contente que você me ame tanto, agora vou arrastar essa garotinha pelo rabo-de-cavalo até o gira-gira".

Uma das melhores coisas sobre o punk rock é que não havia regras de como fazê-lo. Você deveria poder se vestir, agir e tocar música da maneira que quisesse, essa era a beleza da coisa. Infelizmente, não demorou muito até que alguns defensores da bandeira "sou mais punk que você" começaram a tentar definir exatamente o que era e o que não era punk, de acordo com seus próprios critérios pretensiosos. Regras te dizem o que fazer, e nenhum punk que respeite a si mesmo gosta de receber ordens. O mesmo vale para ser pai. A maioria das regras dos guias de parentalidade sobre como lidar com crianças desobedientes são tão preto no branco, que não deixam espaço para tons de cinza, e já que cada criança é diferente, como uma única regra poderia se aplicar a todas? Em vez disso, há princípios. Princípios descrevem maneiras básicas de fazer coisas que funcionaram no passado e te deixam adaptar essas maneiras a partir das suas circunstâncias particulares. Pela nossa experiência, nada funciona todas as vezes, mas há alguns conceitos que adotamos que, pelo menos, fazem parecer que sabemos o que estamos fazendo.

Acredito que o princípio mais importante a se ter em mente ao ser pai e controlar uma criança desobediente é primeiro tentar passar um exemplo. As crianças geralmente imitam os maneirismos dos pais, então, se você não quer seu filho colocando os pés na mesa e arrotando o alfabeto durante o jantar, não faça essas coisas. Se você não se importa, vá em frente. Com a boca cheia de carne moída e batatas meio mastigadas, reclamo com a minha esposa que nossas filhas não têm modos à mesa. As crianças se inspiram em você para saber como agir em público. Se você disser "por favor" e "obrigado" bastante, elas também dirão. Se você peida na igreja e enfia o dedo no nariz em público, elas também o farão.

Provavelmente, a maneira mais fácil de demonstrar isso é com palavrões. Essa é uma área difícil pra quem é da cena punk, porque nós elevamos os palavrões a uma forma de arte, usando expletivos crassos

MONSTRINHO DA MAMÃE 153

quando estes são totalmente desnecessários, ou quando simplesmente esgotamos as coisas a dizer. Às vezes, estou ao telefone e nem percebo os palavrões saindo da minha boca, ou que as minhas filhas estão ouvindo e absorvendo para futuras referências vocabulares. Ficou tão feio, que um vizinho trouxe uma delas de volta de uma visita para brincar, dizendo que ela tinha perguntado às irmãs dela aonde tinha ido parar "a porra" da bola. Eu soube que tinha ido longe demais quando a mesma filha estava colocando uma boneca para dormir e disse "Boa noite, minha pequena fodona". Comecei a prestar atenção nas palavras que usava, para que minhas filhas não dissessem à professora onde enfiar o dever de casa, embora isso fosse engraçado.

Outro princípio importante que descobrimos da maneira mais difícil foi agir com antecedência para sair de uma situação ruim. Em uma ocasião, minha esposa e eu levamos as filhas de seis e quatro anos à International House of Pancakes pela primeira vez, e no caminho contei a elas como o IHOP era um lugar ótimo, onde elas poderiam pedir as panquecas do Mickey Mouse, com olhos de passas, um sorriso de chantilly, o nariz de cereja e tudo mais. Quando finalmente nos sentamos, as meninas ficaram tão animadas, que não paravam quietas, gritando e derrubando coisas como se fossem duas chimpanzés em fúria. Depois de dez minutos disso, as pessoas na mesa ao lado da nossa se levantaram e foram para outra mesa, a garçonete que estava nos atendendo nos olhou feio e todo mundo no restaurante começou a encarar Jennifer e eu, balançando a cabeça. Peguei as duas meninas, levei-as até o estacionamento e comecei a ralhar com elas por fazerem a gente passar uma má impressão. Ameacei confiscar as Barbies e mantê-las reféns, até que as duas aprendessem a se comportar, e despejei outras formas de abuso mental infantil, basicamente me tornei o pai psicótico no estacionamento, até que elas finalmente sossegaram e concordaram em agir civilizadamente. A essa altura, porém, nossa visita ao IHOP tinha sido arruinada, e nós fomos pra casa. Foi só enquanto dirigia de volta que me dei conta que a culpa tinha sido completamente minha.

Eu tinha me ocupado tanto em planejar o passeio ao restaurante e em dizer a elas como seria divertido, que esqueci de me adiantar e determinar limites e consequências antes de entrarmos no estabelecimento. Deveria ter explicado a elas que ainda há certas regras de comportamento em restaurantes que não contam com ratos gigantes como mascotes, e que elas teriam de manter os bons modos em mente e respeitar os outros clientes, mantendo a voz baixa, se quisessem provar os deleites culinários de um lugar sofisticado com o IHOP. Se eu as tivesse preparado com antecedência, não precisaria ter surtado no estacionamento e perdido eu mesmo uma pilha de panquecas de mirtilo. Se tivesse determinado os limites antes, teríamos nos divertido e elas teriam respeitado a minha autoridade, mas, em vez disso, eu disse a elas que se divertiriam muito, para depois gritar com elas justamente por isso. Sou péssimo!

Em quase toda situação em que nossas filhas se comportam mal, provavelmente consigo pensar em retrospecto e me dar conta de que se eu apenas tivesse dado a elas de antemão alguns conselhos sobre como agir, poderíamos ter evitado uma situação ruim. Agora, tento dizer a elas com antecedência qual é o comportamento esperado em determinadas situações, e assim não preciso me culpar quando elas agem como a maioria das crianças, totalmente desenfreadas e fora de controle. Se você der um aviso do que será esperado delas quando elas forem à escola, ou jantar fora, ou brincar com os amiguinhos, isso pode ajudar a evitar muitos problemas em que elas poderão pensar em se envolver, ingênua e espontaneamente, e você não terá de inventar novas maneiras criativas de puni-las por isso.

Até certo ponto, tentei fazer parecer que estou do lado das minhas filhas e que o resultado das consequências do mau comportamento delas será eu ter de fazer o papel de pai durão e distribuir castigos, caso elas escolham continuar no mesmo caminho malcriado. Algum mago da parentalidade provavelmente será capaz de encontrar um problema nessa abordagem, mas, por ora, funciona pra mim. Por exemplo, eu digo "Se eu fosse vocês, me comportaria o melhor possível no jantar hoje à noite e não brigaria uma com a outra, porque se vocês tiverem bons modos e agirem de forma legal, talvez a gente possa parar para tomar sorvete depois. Senão, a gente vai embora e vocês vão ficar sem nada". Desta forma, as estou treinando para fazer a coisa certa, de modo que essa terceira pessoa – o "pai autoritário" – não precise aparecer. Estou pensando no melhor para elas e, é claro, para mim também. Um jantar tranquilo é melhor do que o contrário e o sorvete depois foi ideia minha, pra começo de conversa.

    Alguns especialistas criticam a técnica da recompensa por bom comportamento, mas o que é que eles sabem? Especialistas são especialistas em ter teorias que ninguém consegue provar. Acho que recompensar bom comportamento as prepara para uma época na vida em que terão de ir para o trabalho todos os dias, agir civilizadamente e trabalhar duro pelo salário, e se agirem de forma preguiçosa e desobediente, serão demitidas. Não há uma lição de vida muito melhor do que essa. Obviamente, você não quer chegar ao ponto de treinar os seus filhos como se fossem focas de circo, segurando sardinhas acima da cabeça deles para conseguir que eles façam o que você quer, mas ao informá-los que, se eles resistirem ao impulso de agir como pequenos maníacos e puderem controlar o comportamento em certas situações, serão recompensados de alguma forma, eles terão mais incentivo para fazê-lo. Por outro lado, se eles souberem que pode haver uma penalidade severa pelo mau comportamento, provavelmente ficarão menos inclinados a se envolver nos tipos de atividades que me dão uma dor de cabeça daquelas.

DANDO UM TEMPO

Mesmo com disciplina positiva, recompensas e elogios para as ocasiões em que elas não surtam e te fazem passar vergonha em um restaurante, às vezes, a tentação de se comportar mal é grande demais para algumas crianças. Quem eu quero enganar? Às vezes, é uma tentação grande demais para pais de quarenta anos também. Embora soe mais fácil do que é, os únicos meios aceitáveis de disciplinar seus filhos hoje em dia são dar "um tempo" ou retirar privilégios. Sei que nos velhos tempos nossos pais simplesmente usavam o cinto na gente, mas hoje as palmadas mais leves podem render um processo por abuso infantil.

"Dar um tempo" envolve levar seus filhos a um lugar pré-estabelecido, por um período de tempo pré-estabelecido, para deixá-los relaxar e se recompor quando estiverem se comportando de maneira inaceitável. Esse espaço não deve ser o quarto deles, porque mandá-los para o lugar onde estão todos os brinquedos não é bem um castigo. Quando o tempo acabar, temos uma breve conversa com eles e explicamos por que eles receberam o tempo, que tipo de comportamento esperamos deles e que comportamento vai mandá-los direto de volta para a cadeirinha. Tirar privilégios obviamente significa não deixá-los fazer algo de que gostam, como assistir à TV, andar de bicicleta ou mascar chiclete, qualquer coisa que eles curtam e ficarão chateados se não puderem fazer. Não vai funcionar se o privilégio a ser retirado for algo vago ou indeterminado, como o direito de votar ou de usar o banheiro. Tem de ser algo do qual eles vão sentir muita falta, como um videogame ou o par de tênis favorito.

Também descobrimos que é incrivelmente importante ser consistente e apresentar uma frente unida. Se nós ameaçamos dar um tempo ou tirar privilégios, mas um de nós não consegue cumprir, nossas filhas vão tentar se safar ainda mais da próxima vez.

Deve haver uma conclusão inevitável na cabeça delas, e na nossa, que a punição avisada pelo mau comportamento será levada a cabo independente de quantas lágrimas, xingamentos e bicos ela cause, caso contrário, todo o poder se perde. Se não formos consistentes ou seguirmos em frente quando ameaçamos retirar o Natal, elas acharão que podem se safar de qualquer coisa.

LIBERDADE DE ESCOLHA

Quando se trata de convencê-las a fazer coisas que elas não querem fazer, algo que descobri que funciona às vezes é dar a elas a escolha entre duas coisas de que você gostaria que elas fizessem, em vez de se recusarem a fazer qualquer coisa. Minha filha de dois anos tem um negócio com calçados. Ela só usa os que ela está a fim naquele momento em particular, e em geral são aqueles completamente inadequados com as roupas que ela está usando – sapatos pretos brilhantes com pijama, ou botas de neve com um vestido de verão –, mas na maior parte do tempo ela não quer usar nada nos pés. Ela percebe quando estamos para ir jantar em um lugar legal, para então decidir que quer ir descalça, e aí começa a surtar quando eu peço que ela calce alguma coisa. Antes de ela ficar completamente doida, levo ela até o closet e dou a ela uma escolha de qual sapato calçar. "Eu gosto do Vans rosa com caveirinhas, mas a mamãe gosta do Doc Martens rosa. Qual deles você quer usar?" Agora que ela tem um pouco de controle sobre a situação, é mais provável que obedeça. Ou é isso ou ela recusa e eu terei de enfrentar uma batalha implacável com uma garotinha de dois anos, enquanto tento colocar os pés dela em um par de sandalinhas. De um jeito ou de outro, ela vai sair de casa calçada, é o que digo a mim mesmo. É muito humilhante quando chego no carro com uma criança descalça que está sorrindo feito Alexandre, o Grande, depois da vitória de uma batalha feroz.

ESCOLHENDO SUAS BATALHAS

O cenário é o seguinte. Você acorda de manhã e as crianças não querem se vestir, então você diz "Bom, nós não podemos ir ao parque", e elas surtam. Você as deixa escolher o que vestir, e depois de fazer manha e chutar os móveis por um tempinho, elas te deixam vesti-las e vocês vão ao parque. Quando voltam pra casa, elas querem assistir à televisão, mas você diz "não", elas já assistiram bastante de manhã, e elas se jogam no chão e começam a chorar e a se debater até que alguma outra coisa chame a atenção delas e elas vão brincar com essa coisa. Mais tarde, vocês estão no mercado e elas berram pedindo por um doce, mas você nega, porque isso iria estragar o jantar delas. Elas têm um completo ataque de nervos, que você ignora, e vocês vão embora. Depois do jantar, você diz que elas não podem deixar a mesa até comerem as ervilhas, elas recusam e ficam lá sentadas olhando para as ervilhas ofensivas por quase uma hora. Depois de comerem as ervilhas, elas te perguntam se podem tomar uma colher de sorvete e assistir a um vídeo, você diz que sim, porque já disse não muitas vezes hoje, e elas merecem uma colher de chá, e você realmente não quer outro esperneio enquanto está lendo uma edição velha do fanzine *Flipside*. Você, então, diz a elas que escovem os dentes, vistam os pijamas e vão para a cama, e elas têm outro surto completo. Ao todo, você tem uma vantagem de cinco a um no dia: nada mau, pais.

O ponto disso é algo chamado "Escolha Suas Batalhas". As crianças vão espernear e fazer birra o dia todo, na tentativa de conseguir o que querem. Se você ceder a elas toda vez, vai se ferrar. A criança vai controlar você e a família, e você não terá vida. Se você for muito duro e nunca deixá-las se divertir, elas vão acabar te odiando e um dia podem vir atrás de você com um objeto contundente. Escolher suas batalhas te permite dizer *"não"* quando você realmente precisa, para o bem dos filhos e o seu, e estabelece que você esteja no controle da relação, ao passo que dar um desconto de vez em quando, como compartilhar com eles um pacote de M&M's de amendoim, mostra a eles que você também pode ser maneiro, às vezes.

Embora eu possa pregar o quanto a consistência e a apresentação de uma frente unida são essenciais em todo tipo de situação, houve vezes em que fui tão inconsistente com as nossas filhas, que elas provavelmente se perguntam que tipo de pais vão surgir em tal dia. Às vezes, estamos em nossa melhor forma, corrigindo o comportamento, dando exemplo e distribuindo castigos justos e consistentes, mas em outras estamos tão detonados, que simplesmente desistimos e deixamos elas fazerem que diabos elas quiserem. É por isso que, às vezes, elas se comportam como perfeitos anjos, e, em outras, ficam totalmente fora de controle. Elas são pegas completamente desprevenidas quando começam a se comportar mal e os pais disciplinadores aparecem e elas ficam de castigo por uma semana.

Algumas crianças são desafios incríveis e não serão fáceis de lidar, não importa o que você faça; na verdade, o processo de criá-las provavelmente vai incluir algum tipo de medicamento controlado para você, e um tempo no reformatório para elas, ao passo que outras crianças são moleza. A verdade é que há um limite para o que podemos fazer. Faça demais e você terá uma criança robô extremamente bem comportada que te odeia até os ossos; faça pouco e você terá um pequeno Napoleão valentão que não vai estar preparado para aceitar responsabilidade por nada que fizer mais tarde na vida. Se você fizer a sua parte em tentar ser um bom pai, mas ainda assim eles roubarem o carro do vizinho e mostrarem o dedo do meio para o diretor na escola, chega um ponto em que você só tem de jogar a toalha e dizer "Bom, eu fiz o meu melhor. O problema agora é da sociedade".

"A EXPERIÊNCIA PODE SER A MELHOR PROFESSORA, MAS, MUITAS VEZES, É A EXPERIÊNCIA DE OUTRA PESSOA QUE ENSINA MELHOR."

UMA das minhas tarefas oficiais como papai punk, quando não estou percorrendo corredores de lojas de discos à procura de cópias raras de álbuns do Stiff Little Fingers, é o de cinegrafista da família. Tenho de garantir o registro de cada vela soprada nos aniversários, cada rosto coberto de farinha no preparo da torta de abóbora nos Dias de Ação de Graças, cada bicicleta novinha em folha e cada casa da Barbie desembrulhada na manhã de Natal e cada ovo multicolorido descoberto escondido atrás de uma árvore na Páscoa, tudo em detalhes vívidos digitalizados. Já houve choro, xingamento e muito ranger de dentes pelas várias vezes que, sem querer, deixei a lente tampada ou a fita ou a bateria acabarem e não consegui documentar uma das nossas estimadas lembranças familiares em vídeo Super 8. Minha pena agora é ser cobrado inúmeras vezes antes de cada evento: se a lente está destampada, se a bateria está carregada e se há fita suficiente na câmera para capturar para a posteridade cada sorriso que acabou de perder dentes e cada parabéns.

Hoje em dia, se você não matricular seu filho no maternal assim que ele aprender a andar e a falar, os monitores da vigilância da vizinhança vão te acusar de abandono infantil imprudente. As minhas filhas foram, é claro, as primeiras da fila, já que a intenção da minha esposa, assim como a de todas as outras mamães na recém-*yuppificada* South Bay, é que as filhas delas tenham toda vantagem possível na vida no que diz respeito à educação. Embora eu ache que faria bem a elas poder brincar um pouco sem supervisão antes de encararem quinze anos seguidos de professores, detenção e mochilas carregadas com centenas de quilos de lição de casa, guardo esse julgamento para mim mesmo e concordo em cumprir meu papel de chofer ocasional, para levar e buscar na escola, e documentarista em tempo integral.

O mais recente evento escolar que fiquei encarregado de filmar foi o desfile de Halloween. Trouxe a minha fiel câmera de mão, cheguei a lente, a bateria e a fita, e aguardei do lado de fora da sala de aula com mais uns dois pais igualmente maltrapilhos, que ou não tinham emprego fixo, ou eram endinheirados por conta própria, ou vendiam drogas, enquanto as esposas ganhavam milhões no ramo imobiliário. Em uma das salas, o Batman estava apoiado na porta, chorando e procurando a mãe, até que uma professora fantasiada de donut da Krispy Kreme chegou para consolá-lo. Logo o sinal tocou e o playground à nossa frente foi instantaneamente coberto por dezenas de criaturinhas fantasiadas, que saíram em bando das salas de aula, trombando umas nas outras porque muitas delas não conseguiam enxergar por trás das máscaras de plástico cobertas de suor. Por um momento, o espetáculo daquele redemoinho de cores vívidas, fantasias vistosas e pandemônio generalizado ameaçou me dar um flashback de uma viagem de ácido ruim. Havia pequenas Cinderelas emperiquitadas; Brancas de Neve e Belas Adormecidas de tênis; mini-Bob Esponjas encaixotados; sereias Ariel em trajes que tornavam impossível andar ou sentar; além de Buzz Lightyears diminutos; Super-Homens bravos; vários Dráculas; carinhas do exército; monstros variados, usando máscaras com os olhos pendurados; e uma porção de Tartarugas Ninja, apesar de esse desenho ter saído de moda entre a maioria das crianças anos antes.

Em dado momento, alguém soprou um apito e falou para todo mundo fazer fila de acordo com a sala, e logo todas as criaturinhas de 90 centímetros estavam se trombando e disputando um lugar nas filas. Geralmente, é nesse momento que a minha princesinha fada encontra problemas. A filha número dois sempre tem de ser a primeira, em tudo. A primeira a sair pela porta, a primeira a entrar no carro, a primeira a usar o banheiro, a primeira na fila do lanche, a primeira a fazer praticamente tudo, mas definitivamente a primeira da fila. Ela vai trombar, atravessar e entrar na frente de quem for necessário se a posição estiver aberta, e há relatos de ela ter derrubado crianças com o dobro de seu tamanho para ganhar seu lugar de direito na ponta da fila. Como se tivesse se antecipado ao apito, ela assumiu seu lugar de direito sem ser desafiada, mas um Buzz Lightyear ficou injuriado quando seu lugar, logo atrás dela, foi cortado por uma Tartaruga Ninja, e um pequeno quebra-pau se iniciou. Infelizmente, para o pequeno Buzz, o raio laser mortal disparado de seu punho nada mais era que uma lampadazinha vermelha a pilha, e antes que a professora vestida como a Bruxa Má do Oeste pudesse intervir, a tartaruga mutante o mandou para o chão com um chute giratório ninja razoavelmente profissional. Por alguma razão, assisti perplexo ao espetáculo, em vez de filmá-lo, e perdi um prêmio de dez mil dólares garantido no *America's Funniest Home Videos*.

As aulas do maternal consistem em contar muitas histórias, pinturas com os dedos, marchar em fila de um lugar a outro e brincar no playground. É basicamente escola, sem muito trabalho escolar. As crianças aprendem a fazer o juramento à bandeira (eu digo às minhas filhas para levantarem um punho desafiadoramente em protesto durante a parte que diz "sob Deus", só para irritar os pais conservadores da turma) e também a como se sentar em silêncio no tapete e ouvir a professora, e não só correr em volta da sala o tempo todo como malucas. Sem esse pouquinho de prática, dificilmente se pode esperar delas que saibam se comportar na pré-escola, se elas ficaram em casa assistindo à *Vila Sésamo* o dia todo, embora assim elas provavelmente saberão o alfabeto muito bem.

Sempre que uma das nossas filhas começava a pré-escola, havia uma ou duas crianças lá de quem elas morriam de medo, chorando e surtando porque era a primeira experiência delas sozinhas para conviver com um bando de outras crianças o dia todo, sem mãe por perto para segurar a mão delas. A filha número um, sendo a criança desconfiada, não ficou particularmente animada em seu primeiro dia, mas depois de ter passado dois anos inteiros no maternal, ela sabia mais ou menos o que esperar e foi capaz de suportar com poucas agarradas na perna da mãe.

Pensei que a filha número dois, a amazona, traria pra casa tantos cartões amarelos e vermelhos por ter subido nas paredes e aplicado um mata-leão em outras crianças, que no primeiro mês eu já teria um baralho completo, porém, surpreendentemente, em vez disso, ela trouxe alguns cartões dourados por ser uma boa cidadã. De algum modo, uma ótima professora de maternal e um tempo em silêncio no tapete domaram a fera selvagem dentro dela e ensinaram que ela precisava manter o controle na sala de aula e guardar as energias para o trepa-trepa durante o recreio.

A filha número dois pode ser uma pequena endiabrada em casa, porque se sente confortável o bastante para perder a linha, mas na escola ela sente a pressão para se sobressair, exatamente como nos esportes. Ela quer tirar notas boas e não passar vergonha por tomar bronca na sala o tempo todo, então, tenta se comportar da melhor forma possível. Ela sabe que só em casa é que é capaz de escapar de coisas como chamar o pai de "bunda-mole" ou jogar a comida na mesa.

A melhor parte disso para o papai punk era que, quando eu não estava em turnê, poderia estar em casa para levar ou buscar as crianças no maternal e ter uma chance de me envolver na vida diária delas. Mais de uma vez eu me vi esperando as crianças serem dispensadas do lado de fora da sala, em um círculo de mães que trocavam histórias sobre alguma coisa engraçada que seus filhos fizeram ou fofocavam sobre como aquela mãe da Sala Quatro era péssima, quem ela pensa que é para ocupar três vagas com o carro dela em um estacionamento que já está lotado, e aposto que as babás a odeiam. Então tenho um estalo e penso "Que diabos estou fazendo?", pego a minha filha e vou embora.

A TERRA DA COMPETIÇÃO

Quando as meninas entraram no maternal, eu soube que aquele era o começo de décadas de interação com outros pais na comunidade, e não me surpreendi ao descobrir que a maioria deles não tinha crescido ouvindo Black Flag e Adolescents e entrando escondido em shows de punk rock. Embora 95% dos pais com quem lidamos no dia a dia sejam pessoas normais, simpáticas e bem ajustadas, devido aos preços das casas no Sul da Califórnia terem quadruplicado na última década, alguns desses pais que trombamos em eventos ou jogos escolares são de uma classe social completamente diferente das famílias trabalhadoras originárias do lugar. A nova leva de pais poderosos são advogados de entretenimento, magnatas da internet e corretores financeiros com três babás, quatro jardineiros, dois cirurgiões plásticos sempre à disposição e sem dificuldade alguma para pagar em dinheiro por uma McMansão de cinco milhões de dólares com vista para o oceano.

Se dirigisse pela nossa pequena comunidade praiana hippie nos anos 1960, você teria visto surfistas paz-e-amor com adesivos antibelicistas na traseira de suas Kombis, com garotas de bronzeado natural no banco do passageiro e pranchas long board surradas amarradas em cima da van. Agora, você encontra mães suburbanas cheias de botox e turbinadas com silicone dirigindo SUVs de luxo com GPS para guiá-las até o Starbucks ou o salão de bronzeamento artificial mais próximos. Os pais andam por aí no mais recente conversível Mercedes S-Class "Queria que meu p*# fosse maior", e têm seu próprio personal trainer para ajudá-los a esculpir seus abdomes lipoaspirados e sem pelos. Isso só para eles poderem dormir bem à noite nos lençóis de seis mil fios, sabendo que não só venceram na vida, mas que graças ao personal trainer de mil dólares a diária, eles poderiam perfeitamente dar um belo chute na bunda da vida.

No último verão, acordei cedo um dia e decidi dirigir até a praia para conferir as ondas e ouvir uma velha fita K7 do Naked Raygun que encontrei, e que costumava ouvir sem parar quando tinha acabado de sair da faculdade. Saí da garagem e estava dirigindo lentamente pela nossa tranquila rua residencial, quando quase fui jogado para fora da via por uma mulher enlouquecida que virou a esquina para levar os filhos a uma escola perto dali numa SUV gigante. Desviei e ela buzinou, gritou alguns palavrões, me mostrou o dedo do meio e desapareceu em uma nuvem de fumaça do escapamento e adesivos enormes com os dizeres "reelejam bush" e "liga de futebol infantil" no vidro traseiro.

Muitos desses pais novos-ricos supercompetitivos, hiperestimulados por litros de *lattes* triplos desnatados, são completamente enlouquecidos pela necessidade de provar a superioridade genética do pedacinho de bondade do céu deles em relação à sua cria malévola de Satã, e vão tratar essa competição como uma batalha de proporções bíblicas. Na nossa escola primária, e eu juro que isso não é mentira, as mães começam a acampar à uma da manhã e passam a noite inteira tremendo de frio na fila para conseguir prioridade para inscrever seus filhos nas melhores salas e com as melhores professoras. Do que se trata isso? Como pode haver uma má professora no jardim de infância? Será que alguma delas coloca ácido na tinta guache? Há alguma professora de jardim de infância em liberdade condicional, sentada sozinha na sala com os gizes de cera porque ninguém quer que os filhos tenham aula com ela? Há alguma rede oculta de mães que troca e-mails dizendo "Não matriculem na aula da Sra. Ryan. Ela é uma canibal notória"?

Mães e pais psicóticos estão em todo lugar. De longe, eles podem parecer pessoas normais, com seus óculos de sol de quinhentos dólares e jeans surrados de grife, mas não deixe as aparências te enganarem. Para eles, criar filhos é como as Olimpíadas, o Super Bowl e uma corrida de trenós de cães, tudo mesclado em uma enorme batalha real. Eles querem que os seus filhos ganhem todos os eventos a todo custo, e estão dispostos a fazer quase qualquer coisa para garantir que eles tenham vantagem na vida, e pisar nas crianças dos outros no caminho pode ser apenas parte do preço. Esse comportamento aberrante vem do nosso instinto animal de proteger e prover pelo bem-estar da nossa prole. O desejo de perpetuar a sobrevivência do nosso grupo genético é intrínseco ao nosso DNA, mas alguns pais modernos não se dão conta de que não estamos mais no Serengeti africano, e que eles não precisam mais devorar as crianças daqueles que desafiam a posição dos filhotes deles na hierarquia.

O outro lugar em que os pais psicóticos mostram sua verdadeira face é nas visitas para brincar e em situações sociais na escola. Eles têm de se envolver compulsivamente em cada pouquinho de interação social nas vidas dos filhos, sufocando a todos com essa intromissão extrema, ao ponto de você se perguntar se eles não vão ao playground dar um chega-pra-lá nas crianças que estão na frente dos filhos deles na fila do trepa-trepa. Viram melhores amigos de todas as professoras e todos os diretores e podem ser vistos batendo papo com os inspetores e treinadores de educação física entre as aulas, na esperança de exercer alguma influência para os filhos. Oferecem-se para ser ajudante dos assistentes da professora, cortando corações de papel para a festa do Valentine's Day e posando imóveis por trinta e seis horas seguidas na manjedoura para o presépio no Natal. Constroem uma réplica em tamanho real de uma casa assombrada para o Halloween, pintam 17 mil ovos para o desfile de Páscoa e, no Dia de Martin Luther King, encenam uma reconstituição dramática do assassinato em tempo real. Se necessário, dirigiriam o ônibus escolar nas excursões, regariam o campo de futebol e, quando não houvesse mais nada a fazer, só patrulhariam o perímetro da escola em suas minivans de luxo, ouvindo fitas de autoajuda. Em suas tentativas ousadas e descaradas de arranjar o menor dos favorecimentos para sua prole ricamente merecedora, levam o puxa-saquismo a níveis nunca antes vistos. Você vai querer vomitar.

GRUPOS DE PAIS

Pois é, eu fiquei bem preocupado no que eu estava me metendo quando minha esposa nos inscreveu para os requeridos grupos de pais. Imaginei que todos os outros pais seriam do tipo psicótico e que eu me destacaria como o papai punk solitário no recinto e não teria nada em comum com ninguém ali. De início, fiquei puto por ter de ir a todos esses encontros em que você tem de socializar com um bando de pessoas que não conhece e comer salgadinhos chiques e beber coquetéis e vinho, em vez de cerveja. Para nós, pais, boa parte do tempo foi passada em um semicírculo com mais uns seis caras com camisas da Tommy Bahama, discutindo resultados esportivos, meio que andando pra lá e pra cá, olhando para os próprios sapatos sem saber o que dizer e se sentindo desconfortáveis. Depois de tomar mais algumas margaritas, todo mundo começa a se soltar e a trocar histórias sobre coisas que fizemos no colégio, alguém menciona que estava no mesmo show dos Ramones que eu em 1985 e me dou conta de que, embora alguns deles tenham entrado para o mundo corporativo e vestem o uniforme, assim como eu eles são todos crianças de coração em um mundo de adultos, e gostam de se meter em encrenca de vez em quando, assim como nós gostávamos, só que agora as ressacas duram um pouco mais e todos nós temos filhos que querem brincar nos fins de semana. Depois de um tempo, começamos a tomar shots juntos e antes que eu perceba, estou me divertindo tanto, que fico puto quando Jennifer diz que precisamos ir embora.

A verdade é que fizemos alguns amigos para a vida toda nos nossos grupos de pais, e, para ser honesto, é ótimo ter amigos que não sejam do mesmo meio que eu, e que possam ter pontos de vista diferentes da minha visão de mundo pessimista. Todos eles acharam engraçado que eu era de uma banda punk e brincaram que queriam pedir demissão e passar a trabalhar como roadies para nós. É ótimo estar com pessoas que, embora não tenham crescido indo a shows de punk rock e usando moicanos como eu, têm exatamente as mesmas frustrações, preocupações e histórias engraçadas sobre fraldas que nós, e essa experiência que dividimos transcende as barreiras da opinião política e do gosto musical. Espero que tenha mostrado a alguns deles maneiras alternativas de ver o mundo, e eles me ensinaram a não ser um babaca tão convencido.

Embora alguns pais tenham a cabeça aberta e estejam dispostos a aceitar a amizade com a família punk rock, outros não são tão acolhedores. Infelizmente, ela, minha esposa, algo tímida e conservadora, é quem geralmente tem de aguentar o fardo de eu estar em uma banda punk patentemente ofensiva e com tendências esquerdistas, em uma área que está se tornando cada vez mais um reduto republicano. Há algum tempo, uma nova família se mudou para a vizinhança com uma filha de idade próxima à da nossa filha número um, e elas imediatamente foram brincar juntas e montaram uma banquinha de limonada. Quando a outra mãe inevitavelmente perguntou o que eu fazia da vida, Jennifer deu as informações em fragmentos: "Ele é músico", "É uma banda punk", e quando sondada sobre qual era o nome da banda, acrescentou com relutância "Se chama Pennywise, mas tenho certeza de que você nunca ouviu falar", sabendo que essa informação provavelmente a assustaria. A mulher, é claro, respondeu que nos procuraria na internet, e no dia seguinte não houve mais brincadeiras, a banquinha de limonada fechou e agora nós só recebemos um aceno forçado quando passamos em frente à casa deles.

Eu poderia agir como se essa atitude fosse totalmente repreensível, mas a verdade é que se minhas filhas chegassem em casa e dissessem que querem brincar na casa de uma amiguinha cujos pais fossem de algum culto religioso com o qual eu não concordasse, poderia ser difícil para mim não censurar com quem elas estão autorizadas a brincar. Isso é uma pena, porque, sem a interferência de todos os dogmas dos pais, a maioria das crianças só quer brincar e vender limonada juntas. Lentamente, acabei descobrindo que, em vez de reforçar minha sensação inicial de que pais e mães punk rock seriam completamente diferentes e se destacariam dos demais, a maioria das minhas interações com outros pais na verdade me mostraram o quanto somos todos os mesmos.

"A VERDADE É QUE FIZEMOS ALGUNS AMIGOS PARA A VIDA TODA NOS NOSSOS GRUPOS DE PAIS, E, PARA SER HONESTO, É ÓTIMO TER AMIGOS QUE NÃO SEJAM DO MESMO MEIO QUE EU, E QUE POSSAM TER PONTOS DE VISTA DIFERENTES DA MINHA VISÃO DE MUNDO PESSIMISTA."

NÃO SERIA HIPÓCRITA ESPERAR QUE AS MINHAS FILHAS OBEDECESSEM À MINHA AUTORIDADE,

QUANDO EU VINHA BERRANDO PARA QUE TODO MUNDO NÃO FIZESSE ISSO?

ESTÁVAMOS todos no mercado um tempo atrás, e a filha de dois anos estava mal-humorada porque não tinha tirado uma soneca, e as outras duas não queriam estar ali porque preferiam estar em casa assistindo à TV ou brincando com as outras crianças da rua, mas a questão era que nós todos tínhamos que nos alimentar, então, levar todo mundo pro mercado é a melhor maneira de garantir a compra daquilo que cada um quer. A filha número dois, que tem intolerância à lactose, precisava de leite Lactaid, sem lactose; a número um, que não come carne, precisava de feijão, queijo cottage e amêndoas para obter proteína o bastante para continuar a crescer; e Jennifer, a quase vegetariana, precisava de legumes e verduras o bastante para alimentar um exército grande de coelhos. Eu precisava ir junto para conseguir comprar a *junk food*, que a minha esposa não compra para mim, e os jantares congelados para as noites em que, devido aos nossos hábitos dietéticos peculiares, eu preciso de uma bandeja de steak Salisbury e purê de batata só para me sentir mais ou menos normal.

O problema aconteceu quando levamos o nosso carrinho lotado até o caixa e a de dois anos viu o display de chicletes e começou a surtar. A filha número três é uma completa *junkie* de chiclete. Ela precisa de uma dose várias vezes ao dia, todos os dias, e vem gingando até mim quando estou no computador, tocando guitarra ou assistindo à TV, chorando: "Papai, preciso de chicleeeeeeeeee-teeeeee", puxando minha bermuda e olhando para mim de um jeito triste, como um viciado desesperado incapaz de largar o vício. Quando eu disse não, ela começou a arquear as costas e a ruborizar, puxando o cabelo e fazendo uma cena. Agora, a caixa e as pessoas na fila estavam olhando feio para mim e balançando a cabeça como se eu fosse o pior pai da história porque não conseguia controlar a minha filha. Pensei que não era culpa minha se, de tantos milhões de espermatozoides nos meus testículos, só o hiperativo foi hiper o bastante para perfurar o óvulo, mas naquela hora eu só queria que o espetáculo terminasse para que eu pudesse ter minha vida de volta e pagar pelo meu jantar congelado Hungry Man em relativa paz. Assim, desisti e dei o maldito pacote de chicletes a ela, e então, é claro, Jennifer disse imediatamente "Agora ela vai fazer isso sempre que quiser alguma coisa". Sabendo que abuso matrimonial me renderia cinco a dez anos na prisão de Folsom, eu quis entrar no freezer na seção de comida congelada e congelar até a morte.

Quando não estou em turnê, minha esposa e eu passamos muito tempo juntos. A discussão mais comum em que entramos tem a ver com o que eu chamo de "parentalidade de poltrona". Um de nós observa o outro fazer alguma coisa com as crianças e, quando algo dá errado, apontamos como teríamos lidado melhor com a situação. Em seguida, dizemos que não conseguimos entender como o outro podia ser tão burro de fazer aquilo daquele jeito, como se fôssemos os maiores especialistas do mundo em refrear crianças, quando, na verdade, provavelmente já fizemos coisas muito mais estúpidas, como colocar o pijama ao contrário em um bebê.

Todo mundo sabe a coisa certa, oficializada e consagrada a se fazer na maioria dos casos, mas, muitas vezes, há circunstâncias em que fazer a coisa certa vai causar tanto trauma emocional e vergonha social extrema, que você acaba tendo de ignorar momentaneamente algumas páginas do manual dos pais, só para sobreviver. Essa é a vida real, não um livro sobre parentalidade. Há muitas vezes em que você simplesmente ferra tudo de maneira monumental. No calor do momento, ninguém quer ouvir que está desempenhando um péssimo papel de pai. Você sabe disso melhor do que ninguém e provavelmente não precisa ser lembrado. Faço isso toda vez que a minha esposa tem dificuldade em negociar um conflito com as crianças, e eu recebo acusações por isso na reunião seguinte do grupo de pais.

Há vezes em que o estresse de ser pai pode trazer o melhor e o pior de todos nós, e todos nós temos personalidades diferentes com que lidar com isso. Meu perfil pessoal parece sentir que culpar a minha esposa quando algo dá errado é a coisa mais racional a fazer na maioria das situações. Ela denominou esse hábito de "Comportamento Babaca" ou "Como Ser Babaca", mas estou melhorando. Descobrimos que as melhores maneiras de lidar com esses conflitos matrimoniais são períodos curtos de *bad vibes* e terapia de evasão geral. Por ser o acusador consumado, sempre que estou em outro cômodo e escuto uma das filhas chorar de dor ou de medo, corro até onde ela está, a pego no colo, lanço um olhar gélido para minha esposa e pergunto "O que você fez pra ela?". Como se ela estivesse beliscando a criança ou qualquer coisa assim. Prenderam os dedos na porta? Por que a minha esposa não trancou a porta? A bebê cai e bate a cabeça? Por que ela não estava olhando? A bebê pega um resfriado? Por que diabos ela foi levá-la para fora de casa em primeiro lugar? Por sorte, pelo menos eu sei quando estou sendo um babaca, e alguns minutos depois geralmente volto atrás e me desculpo timidamente, ao que minha esposa responde com o dedo do meio em riste. Estamos trabalhando nas nossas habilidades comunicativas.

Muitos pais constantemente divergem quanto a como as crianças devem ser disciplinadas. Se você cresceu em uma família disciplinadora muito rigorosa, em que você levava surras e ficava trancado em uma jaula por semanas, ou você vai achar que seus filhos devem ser criados da mesma forma ou vai se lembrar de como era horrível e não vai querer que seus filhos passem pela mesma coisa. O mais provável é que será uma mistura de ambos. Às vezes, você quer agir do jeito legal, mas outras, a ideia de uma criança simpática, confortável e bem adestrada não vai parecer tão irracional.

As novas maneiras de ser pai serão difíceis de engolir para alguns dos pais mais militantes por aí. Hoje em dia, não se bate, grita, ameaça, ridiculariza ou critica. Ponderamos com os nossos filhos e falamos com eles como se fossem o Dalai Lama, em uma voz calma e reconfortante, para não danificarmos as psiques frágeis deles. Esse tipo de disciplina não deixa muita opção para caras que cresceram com medo de conhecer a ponta da fivela do cinto do pai quando ele chegasse do trabalho, caso eles tivessem esmurrado o irmão na boca ou roubado dinheiro da bolsa da mãe. Nós sabíamos que essa forma específica de dissuasão funcionava perfeitamente bem quando éramos jovens, e não tê-la como um último recurso quando os seus filhos a merecem imensamente nos deixa nos sentindo um pouco inofensivos na área da disciplina. Embora na maior parte das vezes a minha esposa e eu concordemos com os meios aceitáveis de disciplinar as nossas filhas, eu ainda reclamo por não me ser permitido usar o único método à prova de falhas, quando nenhum outro funciona.

Parentalidade não é só sobre seus filhos. À medida que eles crescem, nós temos de nos esforçar ainda mais para conviver bem com o parceiro por meio da comunicação e da apresentação de uma frente unida e toda aquela baboseira mais, quando, na realidade, parece que nós discordamos de cada detalhe de como nossos futuros Mozarts devem ser criados. Há toda uma gama de conflitos parentais a serem negociados, e um dos maiores é a questão do ressentimento que a esposa pode nutrir quando ela é deixada em casa para cuidar das crianças, enquanto o pai trabalha fora, em algum emprego em que conta com almoços de três horas regados a martínis, e vai jogar golfe com o chefe aos fins de semana, só porque ele é o provedor da casa. Para mim, é quando saio em turnê e ela fica em casa apartando brigas, tentando colocar as três filhas para dormir e arrumando as coisas delas o dia todo, enquanto eu estou viajando, bebendo cerveja e jogando videogame em um ônibus de turnê, que as coisas começam a parecer um tanto quanto unilaterais. Quando os pais chegam em casa e estão prontos para relaxar depois de um dia duro de trabalho, as esposas esperam que eles tomem atitude e façam a parte deles como pais e para controlar a manada, que foi o que elas ficaram fazendo sozinhas, enquanto eles não estavam por perto. Esse é o eterno conflito de ser pai e mãe, algo que, sem boa comunicação e uma vida sexual ativa, pode facilmente levar a *bad vibes*, competições de berros e divórcio.

DIVIDINDO AS TAREFAS DA CASA

A divisão das tarefas familiares e da casa é uma questão que pode criar muita tensão e muito conflito, mas nós descobrimos que, com um pouco de trabalho antecipado, é algo que, às vezes, pode ser trabalhado com um bocadinho de civilidade, em vez de hostilidade flagrante. Algumas dessas tarefas se encaixam nas denominações de gênero, se todo mundo estiver de acordo com isso. Eu tiro o lixo e faço a maior parte das cargas pesadas e tarefas que requerem subir escadas, desentupir vasos sanitários, matar aranhas e fazer coisas nojentas, enquanto Jennifer cozinha, lava a roupa, veste as Barbies, faz tranças e coisas que requerem mãos menores e um toque mais feminino. Alguns podem ver essas delineações baseadas em gênero como sexistas, mas se um casal tiver os gêneros mais confusos, em que, por exemplo, o cara gosta de beber vinho, ouvir Smiths e ler poesia francesa, enquanto ela entorna cervejas, ouve G.B.H. no máximo e faz sua própria roda punk de uma só mulher na sala de estar, tenho certeza de que tudo bem inverter as tarefas.

Há algumas permutas de tarefas domésticas que parecem funcionar bem para nós. Uma é que, na hora do jantar, se um cozinha, o outro lava a louça. Eu raramente cozinho, o que significa que passo muito tempo com as mãos no sabão ou carregando e descarregando a lava-louças. Por mim, tudo bem, porque é uma ótima hora para praticar meditação transcendental, a menos que tenhamos algo no jantar que deixou queijo derretido grudado nos pratos ou sujeira engordurada nas laterais das panelas, porque aí minha tendência é esquecer toda a baboseira budista e perder completamente a calma. Acho que a minha mulher sabe que fica com a parte fácil, porque, quem é que não gosta de cozinhar? Basicamente, é só experimentação com comida e fazer uma bagunça para a outra pessoa limpar depois e fingir que você está em um daqueles programas de culinária "reduzindo" ou "salteando", em vez de só cozinhando coisas. Depois, o meu trabalho é montar a cozinha de novo. Acho que todo mundo prefere isso, porque já provaram a minha versão do bolo de carne, que parece mais uma bolacha queimada de carne e tem o gosto de um colchão velho, então, ninguém reclama desse acordo.

RUPTURA DE COMUNICAÇÃO

Quando um cara está à toa sem dizer nada, a maioria das mulheres vai ter que perguntar a eles sobre o que estão pensando. Você nunca deve dizer a verdade a elas: que a sua mente é um redemoinho de pornografia, resultados esportivos, comida e o repassar constante de uma lista de pessoas em quem você quer dar um soco na cara. Elas querem que você diga que está pensando nelas e em como elas são maravilhosas, e que você estava tentando inventar maneiras de tornar o relacionamento mais romântico, e só desejando que vocês dois tivessem mais tempo para conversar e dormir abraçados.

Minha esposa tem de me dizer as coisas centenas de vezes, porque ela sabe que geralmente eu não estou ouvindo. Às vezes, parece que o que ela está dizendo é só uma lista infinita de coisas que ela precisa que eu lembre de fazer e chega a um ponto em que a minha mente simplesmente desliga e eu não a escuto mais. Acho que nunca fomos até o mercado e voltamos com tudo o que ela pediu. Sempre acabo fazendo duas viagens. Ela começa a repassar a lista para mim, enquanto estou saindo pela porta, e mais ou menos na metade, depois de brócolis, fraldas e papel higiênico, meu cérebro entra em piloto automático. Chegou ao ponto em que ela tem de dizer "Olha pra mim, enquanto eu falo com você", como se eu fosse uma criança, mas não posso culpá-la.

Há uma diferença entre conversar, se comunicar e discutir. Eu adoro conversar com a minha esposa. Somos melhores amigos e conversamos o tempo todo. "Conversar" consiste em concordar que todos os nossos amigos e familiares são um bando de psicopatas e papear sobre o que teremos para o jantar, e inclui todas as conversas agradáveis que temos em que ninguém sai bravo. "Comunicar-se" acontece quando um de nós tem um problema ou uma questão e precisa que o outro concorde com o que quer que estejamos dizendo. Se o conflito não é resolvido, enquanto estamos "nos comunicando", isso pode levar a uma "discussão séria", que é basicamente como a maioria das pessoas se comunica antes da terapia de casal.

Quando Jennifer apresenta um problema para mim, meu instinto natural é querer resolvê-lo. Ela reclama que tem muita roupa para lavar ao redor da casa, então, me ofereço para comprar uma máquina de lavar maior ou construir mais prateleiras no closet. Uma das mães na escola é uma completa psicótica? Ofereço para providenciar que ela leve um "chega-pra-lá". Para tudo o que ela reclama, quero ir até a Home Depot, encontrar um kit de reparo rápido para o problema para não ter mais de ouvir a respeito dele. O problema real é que a maioria das mulheres só quer alguém que ouça e se comisere com todas as frustrações com as quais elas têm de lidar todos os dias, e que seja empático ao que elas estão passando. Provavelmente, é mesmo uma merda lidar com as pressões a que ela está submetida, assim como o é para mim, e, às vezes, só ter a sua alma gêmea te ouvindo e incentivando pode ser tudo do que você precisa. Digo o tempo todo à minha esposa que eu não conseguiria ter escolhido três companheiros de banda mais idiotas nem se morasse debaixo de uma árvore de companheiros de banda idiotas, e ela só escuta e provavelmente pensa que eles três passam pelo mesmo problema. A melhor parte é que ela me ouve, ou acho que ouve. Eu tenho tendência a reclamar muito.

A CRISE DO SEGUNDO FILHO

Em dado momento depois da chegada da nossa segunda filha, me dei conta de que eu estava ficando em casa no papel de pai obediente o tempo todo, enquanto meus amigos estavam saindo toda noite e vendo shows como eu costumava fazer antes de ter filhos. Com inveja e pensando que a vida estava passando diante dos meus olhos e que eu estava perdendo toda aquela diversão, comecei a sair com os caras alguns fins de semana seguidos, em que eu voltava para casa bêbado e chato às três horas da manhã e passava o dia seguinte inteiro de ressaca. Jennifer não ficou muito impressionada com esse comportamento e deixou isso bem claro. É óbvio que fiquei ressentido e falei que ela só estava tentando me por pra baixo e me transformar em um eunuco, como meus amigos haviam me dito que ela faria.

Depois de anos sendo ótimos e responsáveis, muitos pais sentem que merecem uma recompensa e, às vezes, acabam se recompensando por uma década ou mais. Não há dúvidas de que uma das coisas que diminuíram desde que me tornei pai foi a minha vida social, apesar de que, se eu estivesse tão preocupado assim com isso, não teria concordado em ter filhos, em primeiro lugar. A melhor coisa em relação aos amigos é que eles sempre estarão a postos para te ligar no dia seguinte e dizer como foi ótima a festa que você perdeu e como eles se divertiram horrores, e você vacilou em não ter ido, esperamos que tenha se divertido em casa assistindo à TV com as crianças e trocando fraldas a noite toda.

Há muitas outras áreas passíveis de turbulência quando se tem filhos, mas, com um pouco de premeditação, é possível evitar todas as discussões estúpidas, que acabam separando algumas famílias, famílias que, se tivessem um pouquinho de estrutura, teriam se safado. A questão está em aprender a discutir de maneira justa, se é que isso existe. Os livros de parentalidade sempre dizem para criticar o comportamento, não a criança. Nós, pais, devemos fazer o mesmo. Veja bem, se eu me esquecer de levar o carrinho para o passeio no parque, ou o casaco de neve quando formos fazer snowboarding, ou a mamadeira para a viagem de três horas de carro, vamos planejar escrever uma lista da próxima vez, em vez de me chamar de "Cérebro de Merda". Isso não é um bom exemplo para as crianças. Daí então, eu prometo não cochichar para as meninas que a mamãe escapou de um manicômio quando ela consegue, de algum jeito, queimar três tigelas de aveia na sequência. Nenhuma dessas reações negativas conduzem a bons modelos a seguir. Quando, em uma discussão, alguém responde com um insulto à aparência ou ao caráter do outro, isso se chama *falácia ad hominem*, e não é muito justo, e, francamente, estou ficando cansado das vezes em que, quando tenho alguma reclamação sobre as habilidades da minha esposa em limpar a casa, ouço que meus "pés fedem" ou que a minha "bunda cheira mal". Reduzir a quantidade dessas observações ofensivas vale muito para manter o casamento harmonioso.

O MUNDO ESTÁ UMA BAGUNÇA, ISSO SE MOSTRA NO MEU BEIJO

Estou assistindo ao noticiário tarde da noite, observando a humanidade escorregar continuamente em direção a um inferno na Terra com guerras, reality-shows e aquecimento global, e então entra um comercial com alguma modelo de biquíni se contorcendo em um carro esportivo ou caminhando por uma praia ensolarada, e penso comigo mesmo "Já faz várias semanas a última vez que fiz sexo". Com trabalho, escola, jogos de futebol e T-ball, aulas de piano, encontros para fazer brownie e consultas no dentista, no fim de um longo dia e do drama de cinco horas para colocar as crianças para dormir, em muitas noites nós acabamos dormindo logo depois delas. Olhamos um para o outro e nos damos conta de que não fizemos sexo desde o mandato do presidente anterior, e o meu meninão está prestes a se destacar do meu corpo em busca de um dono que vá de fato usá-lo.

Crianças demandam muito tempo, atenção e energia. Depois de vigiá-las o dia todo e mantê-las fora de perigo, nós geralmente estamos exaustos. Às vezes, depois de um longo dia, tudo o que queremos é fitar a televisão em um estado quase comatoso, tomar um pote de Häagen-Dazs e ir dormir. Sempre que conseguimos encontrar uma chance para dar uma brincada, pensamos "Ei, isso é ótimo! Agora eu me lembro por que eu gostava tanto disso! Sexo é demais!".

E então haverá outra noite difícil de colocar as crianças para dormir, nossas agendas não vão bater e vai parecer que nós não teremos um segundo para nós mesmos por mais uma década.

Assim como a maioria dos casais, às vezes, somos forçados a marcar "noites de encontros" para podermos nos reconectar um com o outro e nos lembrar de por que nós tivemos filhos, em primeiro lugar. Saímos para jantar, para ir a um show ou ao cinema, ou só para tomar um *espresso* quádruplo de oito dólares em algum café que está tentando dominar o mundo livre. Tentamos não falar sobre as crianças o tempo todo e, em vez disso, fofocamos sobre o pessoal da cidade e debatemos assuntos mundiais, e sonhamos em nos mudar para o interior algum dia. Depois, vamos para casa, nos certificamos de que as crianças estão dormindo e fazemos o nosso próprio filme caseiro, revivendo a nossa noite de núpcias com o CD do Barry White e a loção corporal. Só precisamos nos lembrar de não trocar a etiqueta acidentalmente com a fita do Barney e precisar mandar nossas filhas para a terapia.

Muitos casais caem na armadilha de, depois de dez anos juntos, tudo se tornar chato e rotineiro. Às vezes, fica difícil lembrar de que vocês são tanto pais quanto um casal, e não só duas pessoas criando filhos juntas. Quando nós éramos mais jovens, podíamos parar tudo e mandar ver onde quiséssemos, mas com crianças correndo pela casa, isso se torna muito mais complicado. Infelizmente, a porta do nosso quarto não tranca direito, e em mais de uma ocasião a filha número dois já conseguiu abri-la nos momentos mais inoportunos. Aí eu explico que a mamãe tinha engasgado em um bagel, enquanto estava com as mãos e os pés na cama, e o papai estava usando uma nova forma de manobra de Heimlich para desengasgá-la do bagel, e nós estávamos sem roupa porque tínhamos acabado de sair do banho e eu não sei por que a mamãe estava comendo um bagel no banheiro e "*Eu disse pra sair daqui*".

Uma vida sexual ativa ajuda a manter o casamento feliz e melhor preparado para suportar os pontos difíceis. Além disso, é muito divertida. É muito difícil se manter bravo com alguém que é responsável por te fazer se excitar e se aliviar. Quando você consegue combater qualquer tipo de clima ruim com um pouco de aeróbica de cama, isso pode te fazer querer começar mais algumas discussões só para curtir fazer as pazes.

SOMOS UMA FAMÍLIA FELIZ

Quando as nossas filhas atingiram a idade de ir para a escola primária, passamos a ter todo um novo conjunto de problemas com que lidar. Antes disso, eu governava a família com punho de ferro, feito um ditador de terceiro mundo, ou pelo menos fingia fazê-lo, mas agora, como uma boa facção rebelde, elas descobriram um milhão de maneiras diferentes de subverter a minha autoridade. Manter a paz em casa com a minha esposa e entre as irmãs é agora meu objetivo de vida. Às vezes, isso parece uma empreitada fútil, porque paz e tranquilidade são absolutamente chatas para as crianças. Conflito, rebelião e pandemônio generalizado são divertidos e emocionantes. Quando elas chegarem ao ensino médio, vão haver tantos desafios embutidos diante do sucesso da nossa unidade familiar, que planejo construir um abrigo nuclear no quintal e não sair de lá até elas se formarem.

Até esse ponto, Jennifer e eu teremos sido as principais influências na vida delas, mas agora elas terão seu próprio grupo de amigos a dizer o que é legal e o que não é, e o mais provável é que nós, como pais, logo seremos colocados firmemente no lado "não legal". Não é que elas não vão nos amar mais, elas apenas começarão a existir no seu próprio mundinho por muito tempo e, como somos várias décadas mais velhos do que elas, não conseguiríamos nos conectar, não importa o quanto eu me esforce na tentativa de me agarrar à minha juventude tingindo o cabelo e usando camisetas do The Clash.

    Quando penso na minha juventude passada percorrendo as ruas, as praias e os terrenos baldios de Hermosa com meus amigos, relembro como cada dia parecia uma aventura que durava uma vida inteira. Entre surfar e andar de skate e ir e vir da praia ao mercado Mi-T para comprar doces e refrescos, a diversão a se ter parecia interminável. Havia todo tipo de drama e conflito na escola com os professores e diretores, as rivalidades e disputas de popularidade entre amigos e colegas e, é claro, as primeiras agitações de atração pelo sexo oposto. A maior parte do nosso tempo era passada envolvida em algum tipo de atividade cujo intuito era produzir emoções baratas. Como pai, porém, você entra em uma sintonia completamente diferente daquela em que estava quando era um jovem punk. Hoje, emoções baratas são conseguir um gato de TV a cabo ou um catálogo da Victoria's Secret antes da sua esposa.

    Não é divertido ser sempre aquela pessoa a constantemente colocar as crianças de castigo, repreendê-las e reprimir a diversão delas. Por fim, não importa o que eu faça, imagino que as meninas vão acabar se ressentindo comigo por isso, a menos que eu as deixe fazer o que quiserem e aprendam as lições do jeito mais difícil. Todos nós sabemos como os jovens se dão com figuras de autoridade; até alguns guitarristas de quarenta anos ainda têm sérios problemas com isso. O desafio será como nós poderemos ajudar a mantê-las longe de encrenca demais e manter a paz na família, então, talvez elas não me odeiem – pelo menos não até completarem dezesseis anos.

INDEPENDENTE DO QUÃO JOVEM DE CORAÇÃO EU FINJA SER, SEI QUE VAI CHEGAR O DIA EM QUE AS MINHAS FILHAS VÃO FICAR COM VERGONHA DE ME TER POR PERTO.

SÓ ESPERO QUE ELAS NÃO SE TRANSFORMEM NAQUELAS ADOLESCENTES QUE PARAM DE FALAR COM OS PAIS E OS TRATAM COMO MOBÍLIA, OU PIOR.

QUANDO AS CRIANÇAS SE UNEM

Minha irmã e eu raramente nos demos bem enquanto crescíamos. Minha mãe diz que quando me trouxeram do hospital, ela enfiou a mão no meu berço e arrancou um punhado de cabelo da minha cabeça. Mais tarde, quando meus olhos vesgos ainda não estavam funcionando corretamente, e minha autoestima já era baixa o suficiente, como toda boa irmã, ela fez o que pôde para destruir o pouquinho que restava. As fases de acne e aparelho ortodôntico durante a adolescência foram recebidas com comemorações jubilosas, e deram a ela a oportunidade de forjar novos termos para a minha aparência, como "cara de Braille" e "sorriso de lata", e de contribuir com comentários de massagear o ego, como "As suas espinhas meio que desviam a atenção da sua cara feia". Até hoje ela me chama de "Goober", relembrando amorosamente o idiota mais bobo a enfeitar a tela da TV na série *Mayberry RFD*.

Acho que a biologia tem muito a ver com a maneira com que os irmãos se relacionam. Deve haver substâncias químicas ininteligíveis no ar entre eles que ditam se você é socialmente compatível ou não com certos irmãos ou irmãs ou a probabilidade de você querer esmurrá-los. Em qualquer família pode haver dois irmãos que se dão muito bem, mas outros dois que prefeririam afogar um ao outro na banheira do que chegar a um acordo. Alguns são amigáveis e se apoiam entre si, compartilham brinquedos, brincam de faz de conta e passam horas no videogame, convivendo pacificamente como se fossem correligionários em alguma peça grandiosa e sublime; outros, se pudessem se safar, jogariam o irmão mais novo no tanque de tubarões do Sea World só para voltarem a ser filhos únicos. Parece que aqueles que têm pouco mais de um ano de diferença entre si, como minha irmã e eu, são os que têm mais problemas. Ela tinha um ano de idade e toda a atenção dos meus pais focada nela, o pequeno anjinho de pijama rosa. Então, chega um pequeno palhaço vesgo, que sempre precisa de fraldas trocadas, chora pra comer e não para de tirar a atenção da princesinha perfeita. Talvez eu mesmo tenha arrancado um pouco de cabelo da minha cabeça também.

As filhas número um e dois nasceram exatamente com dois anos de diferença e passam por fases em que brigam por tudo: brinquedos, o computador, programas de TV, quem dança e canta melhor e quem a mamãe e o papai amam mais. Passam o dia inteiro tentando dar nos nervos uma da outra. Pode haver raros períodos em que elas parecem se dar perfeitamente bem, embora esses episódios relativamente tranquilos pareçam sempre coincidir com as vezes em que elas querem algo de nós, como uma viagem à Disneylândia ou ficar acordadas até tarde para assistir à *America's Funniest Home Videos*, com pais atingidos no meio das pernas por bolas de golfe perdidas. Em geral, elas ligam e desligam quando querem, o que, às vezes, me leva a pensar que as picuinhas delas surgem por puro tédio. De um jeito ou de outro, há vezes em que nós as deixamos resolver sozinhas, e outras em que temos de intervir e arbitrar antes que vá longe demais, a ponto de uma delas sair emocionalmente machucada, ou pior, com um machucado na cabeça.

De novo, trabalhar com antecedência é sempre a chave. Tentamos incutir em nossas filhas mais velhas a noção de que a nova irmã não iria tomar o quarto delas, nem os brinquedos favoritos, nem substituí-las e que nós todos éramos parte de uma família. Tentamos fazê-las aprender um pouco de responsabilidade para com as irmãs mais novas, deixando-as ajudar a cuidar delas, dar banho ou ler uma história antes de dormir, de vez em quando. Porém, às vezes, isso deu errado, como quando, com seis anos, a filha que tem fobia de vômito empurrou a irmã do colo para o chão quando ela cuspiu um pouco. Elogiar bastante as crianças mais velhas quando elas ajudam com os irmãos mais novos as faz se sentirem orgulhosas e importantes, e provavelmente menos inclinadas a querer vendê-los como escravos.

Como a maioria das crianças deseja atenção e aprovação, tentamos garantir que cada uma delas tenha um tempo especial conosco, para que elas não precisem sempre brigar pela atenção da mamãe e do papai. A minha filha do meio precisa tanto disso, que é capaz de pegar uma caneta e desenhar uma linha em um pedaço de papel e dizer "Papai, olha o que eu fiz". Se elas tiverem de duelar constantemente com uma irmã, por fim vão começar a se ressentir uma da outra e podem passar a se bater com um pegador de salada. Tentamos evitar a amargura constante organizando o tempo de modo que possamos nos concentrar em cada uma individualmente. Em geral, faço isso colocando uma no carro e indo até a praia para ver as ondas, depois perguntando o que ela quer fazer e normalmente elas querem ir comer um donut. O que conta não é o que você faz, é fazer algo que te faça focar em uma criança de cada vez, e de quebra você ainda pode comer um donut.

Especialistas dizem que você deve tentar deixá-las resolver as disputas por conta própria, para que possam aprender habilidades valiosas de resolução de conflitos a serem usadas mais tarde na vida. Isso seria ótimo, exceto que sempre que deixamos nossas filhas resolverem as coisas por conta própria, a habilidade que elas geralmente parecem desenvolver é como arrancar um brinquedo da mão da irmã, e a outra aprende a como denunciá-la por isso. Ensiná-las a buscar meios de compartilhar ou chegar a um acordo quanto a qualquer que seja o motivo pelo qual elas estão brigando deveria ajudar a ensiná-las a conviver bem, mas, em geral, elas só ficam ressentidas por terem de desistir de algo que queriam. Acho que a única maneira de encorajar um jogo limpo com que todas possam conviver é estabelecer com antecedência uma solução ou mediação determinada para cada tipo de conflito. Às vezes, usamos um timer de cozinha para deixar cada uma jogar algum game de computador ou usar o CD player por um determinado período de tempo, assim elas só precisam brigar quanto a quem vai ser a primeira. Eventualmente, a que acaba ficando em segundo diz "Eu nem queria mesmo jogar esse jogo" e vai brincar com outra coisa, e o problema está resolvido.

Às vezes, os nossos irmãos podem ser os nossos melhores amigos na vida, e, em outras, os nossos piores inimigos. Eles podem fazer com que nos sintamos um membro estimado da família ou podem ser aqueles cujos insultos ferem mais fundo, sempre sabendo onde cutucar. Boa comunicação, a garantia de que não precisam sempre competir pelo afeto da mãe e do pai e ter métodos pré-estabelecidos para resolver os inevitáveis conflitos que ocorrerão são provavelmente as únicas coisas que prevenirão aqueles que não se dão bem de querer o tempo todo desmembrar um ao outro. No fim das contas, pode ser que nada funcione, e quarenta anos depois vocês ainda vão competir por quem berra mais alto no jantar do Dia de Ação de Graças, como minha irmã e eu, e ainda estarão afiando suas habilidades de resolução de conflitos.

ESTOU TÃO ENTEDIADO COM OS EUA

O tédio é uma praga para crianças de seis a dez anos. Minha cretininha do meio vive nos dizendo o quão incrivelmente entediada ela está. "Esse é o dia mais entediante-ante de todos", ela diz, chutando uma almofada do sofá como se fosse uma bola de futebol pelo chão de madeira da sala. Você pode lembrá-las que há crianças passando fome na China, que gostariam de ter o luxo de estarem entediadas, mas isso não vai tirar o pesado véu de chumbo de tédio que encobre a extremamente entediante vida cotidiana delas. A filha número dois precisa de estímulo constante, seja brincando de pega-pega no quintal, balançando perigosamente alto no balanço, subindo uma árvore, andando de skate ou de bicicleta, explorando cavernas, voando de asa-delta, caminhando sobre fogo, basicamente qualquer coisa que mantenha os membros móveis dela ocupados constantemente. Se ela não está dormindo, precisa estar escalando, chutando ou socando alguma coisa, e os únicos momentos de descanso são passados comendo, para suprir a carga interminável de energia dela.

A mais velha consegue se sentar em um canto e ler um livro silenciosamente por uma tarde inteira. Aos oito anos, ela leu as setecentas e cinquenta páginas do primeiro volume do Harry Potter em um único fim de semana chuvoso. A filha número um definitivamente herdou o meu temperamento, então sempre me sinto culpado por não estar fazendo o bastante para manter a filha número dois contente, correndo com ela pelo quintal como um collie abaixo do peso. Depois de ela choramingar incessantemente "Pai, vem jogar futebol comigo? Paaaaaai, vem andar de skate comigo? Paaaaaaaaaaaaai, vem correr um triatlo ou construir uma réplica em tamanho real do Stonehenge comigo?", eu finalmente arrasto minha bunda preguiçosa até a grama bem aparada do quintal e me empenho em uma sequência de brincadeiras vergonhosamente competitivas com ela, nas quais finjo que não estou nem tentando, só para o caso de os vizinhos olharem pelo muro e verem que a minha filha de seis anos está me detonando por completo no basquete.

É fácil cair na armadilha de treinar a si mesmo para pensar que você deve entreter o seu filho constantemente. Com a melhor das intenções no coração, vi um pai vizinho construir uma réplica de dois andares de um navio pirata do século dezoito no jardim, a pedido da filha. Eu e os outros pais da vizinhança passávamos em frente, pensando "Pobre cara, a filha dele deve fazer manha feito um cortador de vidro ou um apito de cachorro. Ela realmente o faliu dessa vez". Saiu no jornal uma foto dele diante daquele trambolho, todo desgrenhado, e o artigo explicava que ele havia levado meses para construir, e o quanto custou todo o material. A manchete deveria ser o grito de socorro do pai de uma criança entediada.

A solução que encontrei para o conflito entre a minha filha estar entediada e eu, preguiçoso, foi um acordo de paz por meio de uma troca, e até agora tem funcionado bem, até ela dar um jeito de contorná-lo. Eu digo a ela que em algum momento de cada dia vou tirar um tempo para brincar com ela de um jeito ou de outro, seja no jogo Candyland ou em um tipo de decatlo olímpico no jardim, por um período de trinta minutos, e, em troca, ela não pode reclamar que está entediada (e me deixar louco) dentro do meu campo de audição pelo resto do dia.

A recompensa dessa troca é que eu consigo relativa paz e tranquilidade, ou pelo menos alguns momentos a menos de pandemônio puro ao redor da casa, e, pra ser honesto, quando vamos brincar, eu adoro o tempo bem aproveitado brincando com a psicopatinha. Não há nada como observar a diversão pura e desenfreada de uma criança, com a língua pra fora, correndo na minha direção com a bola de futebol, esperando marcar um gol entre mim, o regador e o balanço, e depois a completa e total alegria incontida no rosto dela quando consegue fazer o gol tão facilmente. Logo vai chegar um tempo em que serei o bunda-mole mais lamentável e vergonhoso que ela conhecerá na vida, e ela vai correr para o quarto dizendo que me odeia quando eu recusar a deixá-la ir em uma viagem de moto pelo país com um cara que ela acabou de conhecer no shopping, então me arrastar até o jardim para ser o herói dela por alguns momentos não deve ser tão difícil.

A salvação da filha número dois é quando chega a temporada de futebol. Esse é o esporte mais popular do mundo, com milhares de fãs loucos que vão à completa histeria durante a Copa do Mundo, mas nos EUA, tanto os pais quanto os filhos parecem perder o interesse nele como um passatempo nacional depois de mais ou menos os nove anos de idade, por algum motivo. Porém, até os seus filhos completarem essa idade, muitos dos seus fins de semana serão passados em uma cadeira de praia na beirada de um campo de grama úmida, ao lado de um cooler, assistindo às crianças em uniformes de cores brilhantes a jogar por times com nomes como Flores de Laranja e Poderosas Lagartixas Verdes, correndo atrás de uma bola por uma hora e meia.

O primeiro ano em que ela jogou foi ótimo porque, quando as crianças têm pouca noção de seguir as regras do jogo ou estratégias, elas simplesmente correm pelo campo em um grupo gigante, chutando as pernas e enroscando os membros, um aglomerado de humanidade infantil aos berros e às gargalhadas. Elas flutuavam e se debatiam até que uma delas finalmente fez contato com algo além do ar ao bater no queixo de um oponente, e então a bola pulou para fora e todas elas gritaram e a perseguiram mais um pouco pelo gramado. Em raras ocasiões, a bola acidentalmente atingia a rede em um gol, assim nós comemorávamos alguma coisa, mas na maior parte do tempo só dávamos risada daquele espetáculo todo.

Foi assim até a filha número dois, a filha cineticamente hiperativa, atlética e movida por "vitória ou morte", entrar em campo. Nos primeiros jogos, assim que o juiz apitava, ela já se unia ao bando itinerante no campo, chutando como todo mundo, mas lá pela metade do terceiro jogo, foi como se uma lâmpada se acendesse ou um botão fosse apertado na cabeça dela. Ela correu para o grupo, derrubou três meninas, bloqueou umas outras quatro, tomou a bola, driblou ao longo de toda a extensão do campo em uma fuga dramática e então chutou a bola tão forte ao gol, que quase rasgou a rede. Depois, ela fez exatamente a mesma coisa mais seis vezes durante o jogo.

O resto da temporada continuou praticamente do mesmo jeito, com ela me perguntando após cada jogo: "Quantos gols eu fiz hoje, papai?".

"Acho que sete, mas o papai perdeu a conta depois daquele que você derrubou a trave."

Lá pelo sexto ou sétimo jogo, durante as concentrações do time, o treinador dizia às outras jogadoras para fazer o que pudessem para ajudá-la a tomar a bola. Por fim, eu tive de dizer a ela para pegar leve, porque achei que alguns dos outros pais estavam começando a ficar chateados pelas filhas deles, que só tinham de ficar paradas e vê-la marcar gols pela maior parte do jogo. Pensei que alguns deles fossem me pedir o dinheiro da inscrição de volta.

Um dos jogos dela foi na minha antiga escola, em Hermosa Valley, e enquanto ela acumulava gols, olhei em volta e pensei em todas as minhas lembranças daquele lugar. Na sexta série, naquele mesmo campo, eu tinha feito meus primeiros amigos da vida toda, e beijado uma garota pela primeira vez. Porém, depois daquele primeiro ano ali, as coisas começaram a mudar. Todo mundo começou a se gabar do quanto tinham avançado com as namoradas em tal fim de semana, primeira base, segunda base etc. Depois, começamos a roubar bebidas dos armários dos nossos pais, e, graças ao meu único amigo que tinha irmãos mais velhos, um dia começamos a fumar depois da aula. Depois disso, a nossa inocência colegial foi perdida para sempre. Enquanto eu observava todas aquelas crianças correndo pelo campo de futebol, com a minha filha marcando gols, brincando e rindo, desejei que ela não crescesse tão rápido, que se abraçasse àquela inocência por um pouquinho mais de tempo do que eu, e que para ela a sexta série parecesse durar uma vida inteira.

EU GOSTO DE COMIDA, COMIDA É GOSTOSA!

O assistente de um promoter australiano encarregado de fazer o meu traslado até o show e de volta me disse que o filho dele de cinco anos come qualquer coisa: carne, peixe, caranguejo, legumes, fígado, e limpa o prato toda vez. No aniversário do filho, disse a ele que poderiam ir jantar onde ele quisesse, qualquer lugar, McDonald's, Pizza Hut, qualquer um. O moleque escolheu sushi. Dá pra acreditar? Um moleque que prefere peixe cru a um Big Mac? Eu, como americano, acho isso impossível. Uma vez, ele perguntou ao pai, enquanto comia uma grossa costeleta de carneiro, se carneiro era realmente uma ovelha, como eles tinham visto no interior ou em um celeiro, e o pai disse que sim. Ele pensou por um segundo, deu de ombros, disse "Pobres ovelhas" e continuou a comer. Eu odiei essa criança instantaneamente.

Nossos jantares nunca foram um negócio fácil. Em geral, as nossas filhas têm dificuldade em ficar sentadas em um mesmo lugar por mais de cinco minutos, então, convencê-las a ter modos e permanecer sentadas enquanto estou tentando eu mesmo encher o bucho pode ser uma tarefa difícil. A filha número um reduziu a dieta dela a ponto de agora só comer macarrão sem molho e bró-colis. Ela sempre foi meio enjoada para coisas viscosas. Uma típica menininha, não gosta de moluscos, peixes e nada "nojento". Um dia, a prima dela veio nos visitar e a informou que ovos mexidos vinham da bunda da galinha, que bacon era feito de porco morto, que salsichas e hambúrgueres eram feitos de intestino de vaca moído e que quando você comia nuggets de frango, estava comendo os cadáveres de frangos de verdade. Isso era tudo o que a minha filha de cinco anos precisava para começar seu boicote a todas as comidas que já tiveram cara ou andaram por um celeiro. Logo ela parou de comer tudo, de Domino's Pizza a Quarteirões Com Queijo a tacos do Taco Bell, todos clássicos da dieta americana. Agora, nossos rituais de jantar, outrora um afazer extraordinariamente feliz, em que podíamos nos refestelar de ótima culinária, como bolo de carne e costela ao barbecue, decaíram para confrontos estressantes em que Jennifer e eu tentamos todo truque de coerção e persuasão paternais/maternais para alimentar à força a pequena em greve de fome.

As refeições começam com a filha número dois perguntando o que vamos comer. Inevitavelmente, ela detesta em absoluto o que nós preparamos e nos diz que é a pior coisa de todas e pergunta por que ela não pode simplesmente comer um bagel para o jantar. Nós, então, tentamos explicar calmamente que o corpo dela precisa de certas proteínas e nutrientes para se desenvolver de maneira correta e que, se ela não tiver uma dieta bem balanceada, pode parar por completo de se desenvolver, e logo só as unhas e o cabelo dela vão crescer, e ela vai ter que ir para o ensino médio parecendo um pequeno chumaço de cabelo com garras, e como é que isso ia ficar na foto dela do último ano? Aí ela fica assustada, pensando que estamos falando sério, começa a choramingar e eu começo a pensar por que nós não podemos fazer uma refeição em que todo mundo come o que está à sua frente e ficamos todos contentes e, de repente, sou um repeteco do Al Bundy.

Durante o tempo em que estávamos tentando convencê-la a continuar comendo carne, pensando que isso a ajudaria a crescer forte, cometemos um erro enorme ao tentar misturar secretamente um pouco de frango desfiado com noodles e legumes, e cobrimos com quantidades fartas de molho teriyaki para esconder dela o cheiro, mas de algum modo ela nos descobriu. A de dois anos deve ter nos dedurado. Agora, ela examina cada comida colocada diante dela feito um joalheiro examinando uma pedra preciosa, polindo a superfície em busca de qualquer traço de partículas de comida alienígena que possamos ter ocultado na receita sem o conhecimento dela. Tenho de passar horas explicando para ela que as pequenas "penas" verdes no macarrão dela são só manjericão para ficar mais gostoso, e não pedaços minúsculos de vaca ou carneiro triturado. Mesmo se eu implorar e jurar para convencê-la de que nós não batizamos o macarrão ao pesto dela com vitela moída, ela não acredita em mim.

A filha número dois não é exigente, mas não consegue de jeito nenhum ficar sentada à mesa de jantar por mais de um minuto, o que me faz ter saudades da época em que ela ficava presa ao cadeirão. A filha número três comia de tudo até mais ou menos os dois anos e meio, quando começou a eliminar alimentos sistematicamente da dieta dela, e agora só quer beber sucos de caixinha o dia todo.

A realidade em relação a crianças, à nutrição e aos paladares sensíveis é que geralmente elas estão consumindo a quantidade certa de comida para elas. As minhas filhas tomam multivitamínicos todos os dias, comem uma tigela de cereal integral ou aveia de café da manhã, um sanduíche e cenouras para o almoço na escola, e o máximo de iogurte e frutas nos lanches entre as refeições. Tentamos limitar as guloseimas industrializadas cheias de açúcar, gorduras hidrogenadas e conservantes, porque provavelmente há muita verdade na afirmação que os aditivos químicos que nos fazem sentir vontade desses alimentos são os que estão entupindo nossas artérias, transformando as nossas entranhas em plástico e nos tornando um país de pessoas que não cabem em um assento único no cinema. Porém, aqui e ali, quando o tempo e a disponibilidade são escassos, um cookie ou um pacotinho de batatas não vai matá-las, também.

Então, quando chega a hora do jantar, não surpreende que elas não queiram comer a receita de pato no vapor com ervilhas que pegamos em algum programa de receitas. Tentamos manter o mais simples possível, para que elas de fato comam algo e fiquem sentadas sem eu precisar berrar com elas para fazerem silêncio e comerem toda a refeição. Elas geralmente comem um monte de arroz, *quesadillas* de queijo e brócolis e viram um copão de leite, enquanto contam o que fizeram na escola naquele dia e cantam músicas que ouviram no rádio. Contanto que comam alguma coisa e não vivam na fila do fast-food, acho que não devo reclamar que não estejam comendo o bastante do lado carnívoro do menu, e levando em conta o que eu já ouvi sobre a indústria da carne, estou certo de que é questão de tempo até eu começar a comer um belo steak de tofu malpassado junto com elas.

CRIANÇAS DO BURACO NEGRO

A geração punk foi uma das primeiras a crescer com a televisão ligada ao fundo o tempo todo em nossa vida cotidiana. Foi uma tecnologia relativamente nova para os nossos pais, mas, para nós, é provável que sejamos capazes de apontar cada momento exato da nossa história baseado em que programas assistíamos na época. Sete anos: *Gasparzinho* e *Scooby-Doo*. Dez anos: *O homem de seis milhões de dólares* e *Dias felizes*. Dezesseis anos: *Mork & Mindy*. Com o passar dos anos, porém, comecei a desconfiar da minha amiga mais próxima. Nunca tenho certeza de quando é que não estão tentando me vender alguma coisa, seja um canal de notícias secretamente partidário, que colore cada parte do noticiário com a agenda política de seu partido, ou algum reality-show roteirizado com um enredo elaborado para te prender o bastante para assistir a uma jogada de marketing de produto não tão sutil assim. Nunca pensei que o Gasparzinho ou o Steve Austin estivessem tentando me passar um golpe.

Hoje, as nossas filhas têm cerca de sete milhões de canais para escolher e podem ser facilmente sugadas em um vácuo por uma tarde inteira. A TV sempre teve o poder de ensinar algo valioso às crianças ou de bagunçá-las de maneira tremenda. As crianças são pequenas tábulas rasas e tendem a imitar qualquer coisa que veem na tela. Quando as minhas filhas assistiam a desenhos que mostravam crianças birrentas, malcriadas e atrevidas, começavam a se comportar desse jeito em casa. Pensavam que aquele era o jeito que as crianças normais deveriam agir. Dito isso, a TV não é de todo ruim. Sei por experiência própria que eu provavelmente não saberia o alfabeto se não fosse por aquela uma hora antes da escola que eu passava assistindo à *Vila Sésamo* e comendo uma tigela de cereal de chocolate.

Para mim, é incrível como a televisão consegue nos hipnotizar para que pensemos de uma certa forma, influenciar nossos hábitos de consumo e mexer com os nossos medos mais obscuros. Depois de assistir à TV por algumas horas, fico convencido de que há exércitos de assassinos de dióxido de carbono silenciosos e bolorentos invadindo a minha casa, de que logo todos nós seremos atacados por abelhas africanas e de que eu preciso de um monte de Tupperwares para guardar todas as minhas coisas e os discos plásticos com os quais moverei a mobília pela casa. A TV sempre tem um jeito de distorcer os fatos, e começa a obscurecer a sua habilidade de ver o mundo de maneira objetiva, até que um dia você esteja assistindo e, de repente, se dê conta de que acabou de comprar uma coleção de 12 CDs de clássicos do R&B interpretados por um cara com uma flauta peruana de bambu por quinhentos dólares.

As crianças vão assistir à TV por horas a fio, se você não ficar de olho nelas, e as coisas às quais elas assistem hoje em dia geralmente são horríveis. Há uns poucos programas bons aqui e ali que são educativos, mas, para mim, a maioria dos sitcoms estão repletos de um bando de adolescentes esnobes e rasas que insultam todos os geeks e nerds em um sotaque de patricinha, perpetuando a ideia de que é assim que os jovens devem pensar e se comunicar. Talvez alguns desses programas só coloquem um espelho diante da nossa cultura, mas muitos deles se tornam uma profecia que se autorrealiza sobre como as crianças vão se comportar depois de assistirem a personagens de TV com as roupas descoladas e a pele perfeita nos seus programas favoritos agirem de tal maneira. Fico muito desapontado quando percebo que as crianças saíram da sala e só restei eu, assistindo.

Conheço muita gente que começou a dizer não por completo para a TV. Consigo me ver chegando logo a esse ponto. É um problema, porém, quando todo mundo na escola está falando sobre o novo programa do Disney Channel e o seu filho não sabe do que se trata e aí os colegas acham que ele é uma aberração. Nós colocamos um limite severo na quantidade de TV que as meninas podem assistir e, às vezes, tiramos a TV como castigo quando estamos realmente desesperados para conseguir que elas parem de fazer algo. Tenho certeza de que os especialistas dirão que isso provavelmente vai estragá-las, mas nós trabalhamos com o que temos. Acho que a melhor opção é que tentemos chegar a um equilíbrio entre as porcarias que elas assistem e uma programação educativa boa. Ou isso ou vou arrancar o troço da parede e mandá-las jogar um jogo de tabuleiro no lugar.

SÓ QUERO TER ALGO PARA FAZER ESTA NOITE

Esta foi uma noite de show para o papai punk. Estamos fazendo três noites no Henry Fonda Theater, em Hollywood, com o No Use For a Name, o Suicide Machines e o Love Equals Death, e depois temos mais quinze shows na Costa Oeste, com dois dias de folga entre eles.

O agente de booking, sádico, fez a rota de tal forma, que depois de L.A., nós vamos para Bakersfield, depois até Santa Cruz para dois shows, mas em vez de viajarmos mais algumas horas para o norte, até São Francisco, vamos descer todo o caminho de volta até San Diego, depois Las Vegas, Salt Lake City e Denver, antes de voltar até São Francisco. Para ele, parece ótimo no papel, mas sou eu quem vai ficar apertado em vans lotadas, cair em um assento do meio entre dois executivos corpulentos em voos cheios, pegar corridas longas de táxi no trânsito da hora do rush com taxistas rabugentos e, basicamente, percorrer o oeste dos EUA em zigue-zague feito uma criança hiperativa com uma lousa mágica pelas próximas três semanas.

Somos uma banda punk de classe trabalhadora. Não temos o nosso próprio jatinho para nos levar aos shows, como o Led Zeppelin ou o Aerosmith, e normalmente voamos de classe econômica quando não podemos usar os nossos programas de milhagem meticulosamente monitorados para conseguir um upgrade para o ar rarefeito da classe executiva e nos sentirmos deslocados sentados entre os CEOs e empresários viajantes. Quando podemos, nos esparramamos em um ônibus de turnê, só porque já pagamos os nossos pecados ao fazer várias turnês pelos EUA e pela Europa com banda e equipe empilhadas e apertadas em uma van Dodge, dormindo com as bundas encostadas nos sacos feito cachorros-quentes. Nosso rider de backstage não pede garrafas geladas de Dom Perignon ou tigelas de M&M's com os verdes retirados um a um. Temos sorte se ganharmos um fardo de cerveja e um pacote de Doritos.

Para mim, sempre há um certo receio que acompanha o início de uma turnê. Ao contrário de outros porta-vozes mais velhos do rock'n'roll, como o Neil Diamond, que mal se esforça no palco ao cantar seus hits de soft rock com um ventilador industrial a soprar uma bruma fresca no cabelo dele, enquanto ele faz serenata para plateias sentadas que o adoram, eu vou gritar, latir e berrar pelas próximas três semanas até as veias do meu pescoço saltarem e parecerem prestes a estourar a qualquer momento, cantando músicas cujos andamentos são em média de 250 batidas por minuto, em outras palavras, ridiculamente rápidas, instigando uma massa fervilhante de cerca de mil junkies de adrenalina cheios de energia, em uma casa de shows quente e suarenta, em alguma galeria decrépita no meio da América. Toda noite, saio do palco ensopado de suor, parecendo que acabei de sair de uma piscina, com o corpo todo doído de tanto me contorcer, dar mosh e ser arranhado, socado e pisoteado, e meu coração parecendo que quer saltar para fora do peito. Toda noite, eu basicamente tenho um completo surto físico e psicológico por uma hora e depois colapso. Saber que essa hora me espera na minha agenda todos os dias por muitas semanas adiante me dá uma estranha, mas satisfatória dor de estômago. Meu corpo está se rebelando contra isso, mas algo na minha psique diz "Pode vir!".

Assim, quando tenho algumas semanas de shows pela frente, preciso de algum tempo sossegado para me preparar mental e fisicamente para a zona de guerra em que estou prestes a entrar. Normalmente, eu estaria ocupado enchendo a mala de cuecas, meias e talco para os pés, mas hoje, depois da escola, teve um encontro com as amiguinhas, uma reunião para fazer brownie, e ao mesmo tempo a filha número um tem aula de piano e a número dois treino de futebol em uma escola do outro lado da cidade. Jennifer vai até a aula de piano e eu levo a filha número dois e a irmãzinha bebê ao futebol, para podermos assistir a dez meninas de seis anos correndo pelo campo sem ouvir uma palavra que o treinador diz a elas. Enquanto elas treinam, eu corro atrás da de dois anos pelo playground construído nos anos 1940 e tento impedi-la de morder a tinta de chumbo descascando do trepa-trepa e de ficar muito perto do neném de três anos no escorregador, que tem ranho verde-limão escorrendo das duas narinas e tosse como se tivesse fumado a vida inteira. Se ela pegar gripe, vai passar para mim, e eu não vou conseguir cantar, mas terei de fazer os shows de qualquer jeito, e todo mundo vai sair deles dizendo que o cantor está perdendo a voz e deveria se aposentar.

Quando a futura estrela do futebol, a bebê de dois anos e eu voltamos pra casa, me sento, exausto pelo esforço hercúleo que é botar e tirar duas crianças do carro quatro vezes, quando Jennifer faz um comentário casual, bem discretamente, que manda um choque elétrico pela minha espinha.

"Não esquece que eu vou jogar Bunko hoje à noite."

"Você não tá falando sério."

"Eu te disse cinco vezes nesta semana e você disse que se lembraria e que tudo bem. Tá escrito bem ali no calendário."

No calendário pendurado na parede da cozinha, cada quadrado que representa tal dia está coberto de anotações e rabiscos em caneta tinteiro e a lápis: "consulta no dentista, 10h30", "buscar mais cedo na escola hoje, 13h30", "aula de natação, 14h30", "16h, piano", "8h, esgotamento emocional", até parecer um tipo de diário em hieróglifos egípcios de um físico nuclear demente.

"Tá de brincadeira? Como eu vou conseguir ler o que tá escrito nesse negócio? Quando você me contou? Não me lembro disso. Tenho show hoje à noite. Estamos saindo em turnê. Preciso fazer as malas. Não tem como!"

"Eu sei que te falei, e você concordou com a cabeça, me deu um tchau e falou 'tá, beleza'."

"Querida, você sabe que essa é a minha resposta pra tudo que você me diz. Não posso fazer isso. Não tem como!"

Bunko é basicamente um jogo de dados que as mulheres gostam de jogar e é na verdade um veículo finamente velado que as mamães americanas inventaram para se dar uma noite de folga duas vezes ao mês para se reunir na sala de jantar de alguém, beber vinho branco e fofocar. Outros eventos fajutos disfarçados que elas inventaram incluem "Clube do Livro", "reuniões da associação de pais e mestres" e a genérica e abrangente "Noite das Garotas", que é impossível para você negar se um dia planeja retribuir com a sua própria "Noite dos Caras". Essas coisas são pouco mais do que uma desculpa para a minha esposa sair de casa por algumas horas e me fazer apreciar como é para ela quando estou em turnê. Assim, hoje à noite, com um show para fazer em Hollywood dentro de algumas horas, estou encarregado de providenciar o jantar e colocar as crianças na cama sozinho. Temo mais isso do que as três semanas de tortura em turnê que vêm em seguida.

Depois que Jennifer sai de casa dizendo "Vou voltar qualquer hora", não tenho forças nem habilidades para cozinhar o jantar por conta própria, então, peço uma pizza e nos jogamos no sofá para assistir ao Disney Channel. A parte triste é quando você se dá conta de que está assistindo ao Disney Channel e já viu aquele episódio várias vezes, mas ainda assim está vendo de novo. A pizza chega, mas as meninas não gostam do sabor, porque a mamãe pede em outra pizzaria, e aí elas dizem que já comeram pizza no almoço na escola, então eu acabo comendo uma pizza inteira sozinho, com a filha de dois anos, acrescentando ao pneu ao redor da minha barriga, que está se expandindo rapidamente. Agora tenho de me levantar e fazer uma refeição gourmet de cachorros-quentes, queijo cottage e cenoura para as outras duas, e elas só dão algumas mordidas diante da TV, mas ainda assim conseguem deixar farelos por todo o sofá, o chão, a mesa de centro e o controle remoto. Quando terminam, limpo aquela carnificina toda, desligo a TV e digo a elas que é hora do banho e depois dormir. É como dizer que joguei todas as Barbies pela descarga sem querer, a julgar pelos choros monossilábicos de "Paaaaa-AAAAA-aaaaiii!" em resposta a tal aviso.

Como a maioria das pessoas no mundo, eu costumava gostar de assistir à TV depois do jantar. Primeiro, os noticiários noturnos, para que eu me convencesse ainda mais da trajetória inconsolável da sociedade moderna, depois algum documentário da PBS sobre os hábitos alimentares dos neandertais ou os insights de Carl

Sagan sobre os bilhões e mais bilhões de galáxias, e depois disso talvez algum sitcom bobo ou um jogo de basquete preguiçoso, e, se eu estivesse muito desesperado, um programa sobre como remodelar o seu deck ou cozinhar pato à Pequim. Não há nada como afundar no sofá com uma bebida por várias horas para ser entretido pela distração descerebrada da televisão. O que quer que estivesse passando das seis horas da tarde até eu começar a cochilar depois do Letterman, eu assistia.

Não mais. Agora minhas noites são passadas domando as minhas três filhas e implorando, suplicando e, para todos os efeitos, ameaçando-as para que vão para a cama e durmam. Nos dez anos que sou pai, não acho que houve uma única noite em que elas disseram por vontade própria, com um bocejo e os braços erguidos, "Boa noite, papai, vou nessa". Não, para um jovem, ir para a cama significa que a diversão de ser criança acabou por aquele dia, e você é a pessoa que está colocando um fim nela. Elas vão usar o meio que for necessário para cancelar, adiar e frustrar as minhas tentativas de conduzi-las ao sono. Minhas filhas desenvolveram habilidades magistrais para fazer isso, e embora eu encare as mesmas técnicas de persuasão noite após noite, ainda não criei uma zona de defesa ou uma abordagem direta que funcione de modo que às oito horas da noite eu esteja relaxando no sofá com uma cerveja e um episódio de *South Park*. Eu costumava ficar ansioso para a noite chegar, agora eu a temo como se fosse passá-la em um dentista sádico.

O processo começa com o banho delas, que elas insistem em tomar juntas, as três na banheira, o que inevitavelmente leva a uma briga, porque uma joga água, afunda ou chuta a outra, e acaba com uma delas gritando que está com sabão nos olhos. Tiro-as da banheira e as seco, e uma delas chora porque não foi tirada ou secada primeiro. Isso sempre é seguido por um episódio de ginástica nudista no corredor. Deve haver alguma coisa em se estar recém-

-limpo que inspira as crianças a correr, cantar e dar cambalhotas completamente peladas. Em seguida, é claro, digo a elas que parem de graça e vistam os pijamas. Posso berrar o quanto quiser, mas de algum jeito elas sempre ficam pelo caminho no longo trajeto entre a banheira até a cômoda onde ficam os pijamas e eu as encontro em algum lugar lendo um livro ou jogando algum jogo sem roupa. Berro de novo, e depois de meia hora tentando, elas dão um jeito de vestir todo o pijama, um processo que deveria levar menos de trinta e cinco segundos.

Agora é hora de escovar os dentes, ir ao banheiro e subir na cama. Isso também deveria levar menos de cinco minutos, mas de alguma forma elas não encontram as escovas de dentes, o que é impressionante para mim, já que não consigo mesmo entender como uma escova de dentes sai da área do banheiro, mas isso é o que parece acontecer todas as noites. Estou começando a achar que em algum momento durante a tarde elas escondem as escovas só para ganhar algum tempo à noite. Devem aproveitar e esconder também as bonecas de dormir e as naninhas, porque quando não as encontramos, elas começam a ficar histéricas diante da ideia de que as bonecas e naninhas possam ter caído em um vácuo ou em um buraco de minhoca sem fundo.

Ponho a de dois anos primeiro na cama, mas ela quer que eu encontre a "ba-ba" da boneca para ela, que sumiu há uns bons seis meses, mas que de repente ela precisa *agora* e está fazendo manha e chorando por causa disso. Então, eu reviro os armários e baús de brinquedos até finalmente encontrar a mamadeirinha rosa de plástico certa, e, assim que ela a coloca na boca da boneca, passa a não gostar da roupa que a boneca está usando e quer "A *ota*, a *ota*!". Qual "*ota*" eu não sei, mas ela está cada vez mais frustrada porque não tirou uma soneca hoje e está ficando agitada, brava e chorosa, já que eu não encontro a roupa certa. Ela continua a surtar até que eu a pegue, a ponha nas costas, finja ser um pônei e ande de cavalinho pelo que parecem ser horas, pois se eu parar ela vai gritar "mais, mais", então eu tenho que continuar a andar em círculos e a relinchar como um cavalo, até finalmente conseguir persuadi-la com uma mamadeira de leite e a promessa de que vou contar todas as três histórias preferidas dela, Cinderela, Cachinhos Dourados e Os Três Porquinhos. Eu esqueci a maioria dos detalhes de todas essas histórias, então vou inventando enquanto conto.

"...mas a Cinderela não podia ir ao baile real porque não tinha um vestido."

"Por quê?"

"Por que ela não tinha dinheiro pra comprar um?"

"Por quê, papai?"

"Bem, porque ela estava usando crack."

Ela gosta muito de quando a Cachinhos Dourados é pega jogando o PlayStation dos três ursos e de quando o lobo mau, em vez de soprar e soprar mais forte, solta um pum enorme e derruba a casa. É triunfante quando consigo fazer um de verdade como efeito especial. Isso sempre a encanta. Ela deve ficar orgulhosa.

Quando ela finalmente apaga, é hora de coagir as duas mais velhas a subir na cama e me deixar ler uma história para elas dormirem. Ponho-as na cama, mas os pijamas que elas escolheram são quentes demais, ou frios demais, ou apertados demais e elas precisam trocar. Depois de se decidirem e de se levantarem cem vezes para fazer xixi, e de estarem com tudo que precisam, insistem que eu invente uma história de dormir, mas não pode ser a mesma da noite passada, tem de incluir elas mesmas e todas as amigas da escola, tem de ser uma aventura maluca e um pouco assustadora, mas não assustadora demais, e tem de ser engraçada e ter um final feliz com elas dançando com um príncipe, e não pode ser curta, tem de ser longa e muito boa, e então fingir que havia alguém sem uma perna, que foi cortada de algum jeito e foi substituída por uma perna de madeira, e elas são órfãs.

No fim das contas, eu não conto a história porque elas não param de falar sobre castelos e príncipes nobres e pessoas que têm a cabeça decepada até que uma delas diga "Tipo essa, conta uma assim".

Reconto exatamente o que elas disseram, as cubro e dou um beijo de boa-noite, mas se você acha que é aí que termina, está redondamente enganado. Só acabamos de começar. A próxima uma hora e meia será cheia das razões pelas quais uma delas precisa sair da cama, ir até a sala e me dizer que não consegue dormir, e que eu preciso olhar se não tem monstros no armário, e tem um barulho estranho vindo da escada, e ela acha que sentiu uma aranha na cama, e precisa beber água, e o nariz está entupido, e se você e a mamãe morrerem, e onde é que Deus mora de verdade, e como é a aparência Dele, e se tem um lugar separado para peixinhos e hamsters e outros bichinhos de estimação no céu, e se lá então não é lotado, e quem cuida deles lá, e isso prossegue até que nós dois fiquemos tão exaustos que ela adormece no corredor.

Alguns pais que conheço têm filhos que vão para a cama sozinhos, sem rebuliço algum. Eles provavelmente assistem a muita televisão. Tenho inveja. Elaboramos um plano em que determinamos um horário exato de ir para a cama e o que precisa ser feito antes desse horário combinado, e se as coisas correrem perfeitamente, elas podem ver TV por meia hora depois do jantar; se não, não podem assistir a nada. Isso geralmente funciona por algumas noites, mas aí algum treino de basquete vai até mais tarde, ou no fim de semana elas vão dormir na casa de alguma amiguinha, onde ficam acordadas até meia-noite, contando histórias de fantasmas, e nós voltamos à estaca zero. Enquanto elas não forem para a cama sozinhas todas as noites, não vejo muita televisão no meu futuro.

Às nove e meia, Jennifer chega em casa. Minto e digo a ela que tudo correu bem e que as meninas foram direto dormir. Pego um boné e uma jaqueta, dou um beijo nela, entro no carro e parto para Hollywood para fazer o show, me sentindo como se eu mesmo devesse estar na cama.

Em geral, chego a um show uns cinco minutos antes de tocarmos e não fico no lugar por mais tempo do que preciso. Não estou reclamando, e certas pessoas vão ler isso e pensar que eu sou um babaca, mas toda aquela coisa de ser o centro das atenções antes do show se tornou um saco para mim. Parece estúpido, eu sei, afinal, por que você estaria em uma banda se não quisesse atenção, mas hoje estou fatigado e bobo e é isso aí. Há partes da interação nas noites de show das quais eu gosto muito. Adoro conversar com fãs que apreciam genuinamente a nossa música e, não importa quantas vezes ouço isso, é sempre incrível quando alguém diz que a nossa música mudou a vida deles e é honesto e sincero quanto a isso. Eu poderia ouvir isso a noite inteira. Adoro encontrar os meus amigos que ano após ano vêm aos shows e apoiam a banda, nos bons e maus tempos, e é sempre divertido ter a equipe por perto, curtindo e rindo um da cara do outro. Gosto de trocar ideia com gente de outras bandas e os caras das equipes, saber por onde eles passaram em turnê e para onde vão depois, que tipos de guitarras eles usam e o que eles andam ouvindo e quando vão começar a trabalhar em um disco novo. Também gosto de falar de negócios com o pessoal do selo que trabalha para a banda, com quem eles estão assinando e quem foi demitido ou contratado recentemente, mas para todas essas coisas ótimas que envolvem o show, também há um lado escuro.

Quando você é cantor, ator ou apresentador de rádio, ou até mesmo o cara que narra os jogos da liga infantil local, basicamente alguém que se coloque aos olhos do público, sem saber, você se abre para as críticas mordazes de todo mundo, do seu melhor amigo a um completo estranho. Alguém com um bafo de cerveja horrível vai chegar até você e dizer que adora a sua banda, mas que prefere as coisas antigas e não liga muito para os álbuns mais recentes, e "o que é aquela terceira música do álbum novo, aquela música é uma merda, e por que vocês não tocam mais que nem [insira aqui o nome de alguma banda estúpida] e que horas vocês vão tocar hoje à noite, e será que eu consigo um backstage pass para o primo da minha namorada, e tem mais cerveja no camarim, porque eu procurei e alguém já tinha tomado todas, e mano, você consegue uma camiseta para o meu irmão mais novo? Ele adora vocês, mas como eu disse, ele também não curtiu muito esse disco novo, e por falar nisso, quem fez o clipe novo de vocês? Aquela coisa ficou tão gay! O que é que vocês queriam passar com aquilo? Vocês deviam voltar a tocar super-rápido como no primeiro álbum, e fazer mais músicas com palavras tipo 'briga' e 'foda', porque é maneiro, 'foda-se a autoridade', é demais. É, mano, e, não esquece, backstage pass para o meu primo e uma camiseta para o meu irmão. Ah, e um boné pra mim, também. Valeu, mano. Você é o cara".

Encontro dez pessoas exatamente assim ao entrar no lugar, depois mais vinte no camarim, bebendo todas as nossas cervejas e comendo da nossa tábua de frios, e depois mais trinta no palco quando tocarmos. Algumas delas, e isso não é mentira, sobem no palco no meio de uma música, enquanto eu estou cantando, e berram na minha orelha: "Cara, sobrou alguma cerveja? Ah, e toca a música quatro do segundo álbum, esqueci o nome". Se for fisicamente impossível para você dar a elas mais cinco credenciais e uma pulseira para o primo da namorada, uma camiseta para o irmão mais novo e meia dúzia de cervejas, e se você não festejar com elas até o amanhecer, então você é um babaca e o último álbum é uma merda.

O que torna isso irritante é o seguinte: finja que você é um joão-ninguém trabalhando no banco ou em uma construção, e o dia

SOMOS UMA FAMÍLIA FELIZ 215

todo, do momento em que você desce do carro, um fluxo incessante de várias pessoas bêbadas não sai de cima de você, dizendo que você era um bom bancário, mas agora é uma merda, e se você pode ir até a máquina de refrigerante comprar uma Coca para elas, e, poxa, por que você não empresta o cinto de ferramentas, porque a namorada está precisando de um, e, mano, que tal um rolo de notas de cinco para o primo, e se você poderia, por favor, preencher o cheque do jeito que elas querem, em vez do jeito como você está fazendo, e "como é que você instala *dry wall* desse jeito, *você é gay?*". Imagine se o seu dia fosse assim, todos os dias. Você começaria a detestar algumas pessoas e a se sentir um tanto quanto estafado, apareceria para trabalhar cinco minutos antes de começar seu turno e não ficaria nem um segundo a mais do que o necessário. Há muitas pessoas legais no mundo que você nunca vai conhecer, mas os babacas vão chegar até você e provar que são babacas o tempo todo.

O show em si correu bem, exceto por uma briga na primeira fileira, da qual um cara saiu com três galos na cabeça do tamanho de bolas de golfe depois de apanhar de um outro que parecia um lutador de luta livre que tinha saído da cadeia naquela tarde. O cara da iluminação achou que estivesse no Studio 54 e disparou umas luzes estroboscópicas e lasers coloridos loucos a noite toda, como se a gente estivesse tocando em uma rave em vez de em East Hollywood, e ele tinha um holofote de 50 mil watts, tipo o de um farol em alto-mar, apontado pra mim e me deixando cego o tempo todo, e a melhor parte, um palhaço na primeira fileira ficava cuspindo em mim intermitentemente. Aparentemente, ele me confundiu com alguém do Sex Pistols ou do UK Subs, que vê esse costume como uma forma visceral de apreciação da sua excelente performance. Eu vejo como algo incrivelmente nojento pra caralho e quase dou uma de Celine Dion e saio do palco. Se você estivesse andando pela rua e um cara qualquer cuspisse em você, ou você quebraria a cara dele ou chamaria o policial mais próximo para prendê-lo, mas em um show punk isso é considerado um elogio. Eu poderia pular do palco em cima dele e dar uma de Axl Rose e fazê-lo me processar pela minha hipoteca, mas chega em um ponto em que penso que tenho quarenta anos e acabei de colocar minhas filhas pra dormir há meia hora, não estou no clima pra sair no braço em uma roda agora.

Esse episódio do cuspe nos traz uma outra concepção errônea e infeliz sobre o punk rock: o fator da nojeira, e ninguém propagou mais esse mito do que o nosso guitarrista. A escolha dele, porém, é vômito, em vez de cuspe. Ele gosta de enfiar o dedo na garganta e vomitar nas pessoas. Essa façanha é incrivelmente engraçada para ele e rende altas gargalhadas cada vez que uma das trezentas versões hilárias da história são contadas por aqueles que se divertem com esse tipo de coisa, mas imagino que para aqueles em quem ele vomitou seja menos divertido. Existe o humor adolescente e existe o humor punk, que aparentemente está vários níveis abaixo na escala evolutiva da comédia. Histórias escatológicas, comer catarro e vomitar estão entre as ferramentas do ofício para alguns desses imbecis do punk rock, que fazem alguns alunos da pré-escola parecerem modelos de seriedade, classe e maturidade. Algumas pessoas confundem a rebelião e a anarquia social defendidas pelo punk com uma carta branca para agirem como neandertais e idiotas, mas também, acabei de contar uma história para a minha filha de dois anos que termina comigo peidando no final.

Assim, evitei a área em que o cuspidor estava e tocamos o resto do show, a molecada indo à loucura, dando mosh e cantando junto. Saio do palco ensopado, porque, independente do quão fatigado eu esteja, ainda acredito nessa merda. Acredito em cada palavra que canto sobre se sentir impotente diante de um mundo aparentemente disposto a se autodestruir, sobre não se encaixar com as pessoas perfeitas que julgam constantemente, sobre querer deixar arrependimentos para trás, viver a vida como quiser e se agarrar a um pouco de esperança de que as coisas mudem para melhor, mesmo diante de uma montanha de evidências do contrário. Ao ouvir isso e se sentir da mesma forma, a plateia responde e canta junto conosco, e se torna uma massa viva de humanidade. Passamos por um grande alívio catártico de agressão e frustração acumuladas com esse mundo louco que nos encurrala, e esse momento me lembra por que eu faço isso, por que eu suporto todas as bobagens, as críticas e os guitarristas maníacos e gente que quer embalar, tornar um produto e vender o pouco de dignidade e autoestima que resta para mim, e é porque isso me diz que não estou sozinho nesse sentimento, e talvez isso valha a pena, mas no segundo em que o último acorde ressoa, acabou. Sou o meu eu real de novo, vou pro carro e já estarei na *freeway* antes mesmo de a maioria das pessoas sair do local.

Volto para casa e só quero assistir a um pouco do Conan O'Brien e ir dormir, porque a minha voz já está começando a ficar rouca e os meus músculos e ossos doem e esse foi só o primeiro show, então vou até a sala, me deito no sofá e espero a adrenalina do show e o zumbido nos meus ouvidos baixarem para conseguir pegar no sono, descansar um pouco e fazer tudo de novo na noite seguinte, e todas as noites seguintes pelas próximas três semanas. De repente, ouço um "Papai?" a distância. É a filha número um, a rainha do drama. São quase duas da manhã. O que seria agora? Um monstro no armário? Um vampiro debaixo da cama? Mais quatro anos de um Senado de maioria republicana?

"Quero água, minha garganta tá coçando."

Pego água para ela e a conduzo de volta para a cama, mas ela reaparece ao meu lado alguns segundos depois.

"Papai, não consigo dormir. Não sei o que é. Não gosto da minha cama. Meu cérebro não quer dormir."

Eu também tenho insônia, mas depois de tê-la posto para dormir há três firmes horas, eu sei que ela está cansada e isso é só o temperamento dela, que pende à dramaticidade, que a tirou da cama para ir até a sala interromper o meu tempo com o Conan. Tenho de colocá-la na cama mais umas três vezes e deitar com ela, mas ela insiste em levantar logo depois. Agora ela quer mais água e insiste que a garganta está esquisita e que está tremendo. Ofereço xarope para tosse, ou uma pastilha para a garganta, ou até mesmo um brandy e um cigarro, qualquer coisa que a faça dormir, mas ela insiste em sair da cama, ir ao banheiro e beber água.

A essa altura, eu já deveria saber que o problema não era a garganta dela. Ela sempre teve um medo patológico de vomitar, desde que teve uma febre estomacal feia quando era mais nova, quando vomitou tanto que teve de ir para o hospital, experiência essa que aparentemente a deixou traumatizada e morrendo de medo de vômito, dela e dos outros. Se alguém finge que está passando mal ou prestes a vomitar, até mesmo na TV, ela leva as mãos aos ouvidos e sai correndo histérica da sala, gritando, pensando que é contagioso e que logo ela vai começar a vomitar também. É engraçado para todo mundo, menos para ela. Certa vez, a professora dela, que estava grávida, teve enjoo de manhã e de vez em quando levava a mão à boca e corria para a porta. Minha pobre filha dava um pulo e se escondia debaixo da carteira como se fosse um treinamento para terremotos.

Dito e feito, ela vai ao banheiro, e bem na hora que penso "Ei, talvez ela não esteja com a garganta ruim, e o estômago dela não esteja bem, mas ela não quer admitir, caso contrário, por que outra razão ela estaria acordada às duas da manhã?", ouço-a começar a vomitar na pia, depois no chão e nas gavetas, nas escovas de dentes, nas toalhas, no Bob Esponja luminoso de pôr na tomada, em todo lugar. Ela está basicamente vomitando projéteis dos cachorros-quentes e queijo cottage por todo o banheiro.

Então, eu a ajudo a trocar de pijama e ela é só pena e lamentação pelo que nós dois sabemos que estamos prestes a passar: cerca de seis horas de sessões de vômito a cada vinte minutos até que ela esteja tossindo a seco em um Tupperware às primeiras luzes da manhã. Depois que ela fica mais confortável, passo à maravilhosa tarefa de descontaminar e desinfetar a área do banheiro que está coberta de cachorros-quentes e queijo cottage parcialmente digeridos, pedaços de cenoura e muco com um cheiro nojento, para que o resto da família não passe por ali de manhã e pegue gastroenterite também. Enquanto estou de joelhos com luvas de borracha e um balde de desinfetante, tentando tirar um pedaço do que parece ser salsicha ou cenoura de uma rachadura no chão de cerâmica com uma escova de dentes, começo a me perguntar o que outros cantores de rock semifamosos estariam fazendo depois de um grande show em Los Angeles.

Talvez eles pegassem umas duas groupies e as levassem para um hotel exclusivo na Sunset Strip, com o irmão mais novo de uma delas a tiracolo por simpatia e para dar emoção a ele, ao massagear seu ego, fazendo perguntas intrincadas sobre como ele inventou aquele riff incrível na música quatro do terceiro álbum. Ele responderia modestamente: "Ah, não sei. Não se pode realmente analisar de onde algo tão incrível assim saiu. Você tem de ser receptivo ao seu fluxo criativo e colher do seu fluxo de consciência, para então moldar ao seu próprio mosaico para que toque algo no espírito humano", fazendo uma pausa dramática antes de cheirar outra carreira em cima da bunda de uma stripper, para então chutar o moleque do quarto. É, seria ótimo.

Não, em vez disso, estou limpando vômito do chão do banheiro às duas horas da manhã, e o pedacinho de salsicha não para de entrar mais fundo na rachadura no ladrilho de cerâmica. Cutuco com força, mas o maldito pedaço de vômito não se solta. Agora, se tornou um teste de força de vontade. Finalmente, depois de muito esforço, consigo soltar a partícula miserável e o banheiro está novamente livre de bile e contaminação. Tiro as luvas de borracha, me sento no sofá e começo a pensar em toda a cerveja grátis, as drogas ilícitas e o sexo barato que estão sendo vorazmente consumidos a uma viagem de meia hora de carro de distância, bem quando a filha número um começa a segunda rodada de vômito ao meu lado. Ela tenta, mas erra o balde que dei a ela, e cobre o carpete com mais pedaços de salsicha e queijo cottage. Suspiro e me dou conta, feliz, que não mudaria nada.

ADOLESCENTES DE MARTE

Eu estava em uma loja de surfe da cidade, procurando um boné para esconder as entradas do meu cabelo dos fãs que me adoram, quando escutei a seguinte conversa entre uma adolescente loira em um microminishort e um moletom da escola local e a mãe dela, uma executiva ou corretora de imóveis loira de farmácia de aparência cansada.

> **GAROTA ADOLESCENTE:** "Posso, *por favor,* dormir na casa da Stacy, hoje à noite?"
> **MÃE CANSADA:** "Quando você me perguntou hoje, mais cedo, a resposta já era 'não', e se você continuar a me infernizar com isso, a resposta vai ser 'não' de novo amanhã."
> **GAROTA ADOLESCENTE:** "Meu Deus, o que é que entrou no seu rabo?"
> **MÃE CANSADA:** "Agora você está de castigo por uma semana."

A adolescência tem sido tradicionalmente vista por psicólogos de sala de aula como algo saído daqueles filmes feitos nos anos 1950, que nós tínhamos de aguentar nas aulas de educação em saúde:

"Ainda dependentes da segurança e do conforto de casa, mas ansiosos para cortar o cordão umbilical emocional e cravar as suas próprias identidades independentes, os adolescentes se engajam em uma batalha constante com os conflitos trazidos por seus impulsos de base e hormônios afluentes. Eles parecem pensar, sentir e perceber as coisas de maneira mais intensa, tornando-se preocupados com aparência e reputação, e experimentando mudanças de temperamento caóticas, de explosões furiosas e emocionais a arroubos intermináveis de tédio e desespero. Sentem-se mal compreendidos e confusos pelas vontades incompatíveis de andar na linha, mas também de se libertar e rebelar. Na escola, lutam para encontrar um grupo em que se encaixar entre as turmas segregadas de atletas, nerds, maconheiros, CDFs e festeiros, ou, o que é ainda pior, são excluídos, desassociados e ganham o status de solitários. Se você tiver sorte o bastante para encontrar um grupo que o aceite, a força incessante da pressão dos companheiros pode forçá-lo a inúmeras posições comprometedoras e conflagrações vergonhosas que você irá relembrar pelo resto da vida. Na verdade, boa parte de sua meia-idade será passada se recuperando disso".

O problema dessa descrição é que ela define praticamente todo mundo que eu conheço, não importa a idade. E esse é o verdadeiro problema. No passado, os pais tratavam os adolescentes como alienígenas pubescentes enlouquecidos pelos hormônios, em constante movimento de uma "fase" transicional a outra, para então só não dar bola para eles, ao decidir que não eram capazes de lidar com eles até que um dia crescessem e amadurecessem. Todos nós tendemos a vê-los como "adolescentes" estereotipados, não como jovens pessoas, e a tratá-los dessa forma. É por isso que a maioria de nós não se dava bem com os pais no ensino médio, porque, para eles, nós mal éramos humanos ainda. É claro que eles nos amavam, mas a lacuna geracional era tão larga, que era impossível que eles nos compreendessem, então, pra que tentar? Melhor só nos deixar de castigo perpetuamente do que nos soltar na sociedade quando nós não estávamos nem perto de estar prontos.

Quando cheguei à adolescência, já tinha aperfeiçoado a minha atitude desafiadora punk rock, e parecia que todo dia eu estava em rota de colisão com algum tipo de encrenca. Os meus professores tinham de interromper a aula porque eu falava fora de hora, e a maior parte do tempo eu estava atrasado ou ausente por completo. Parte disso eram típicas picardias adolescentes bem-intencionadas, como quando comecei uma guerra de comida no refeitório e conquistei uma semana de suspensão para mim e vários outros colegas, mas eu também me envolvia em outras atividades mais perigosas, que poderiam ter sido trágicas. Sempre que eu tinha a chance, roubava álcool e cigarros dos meus pais, e aos dezesseis anos, três vezes por semana, depois de dizer boa-noite aos meus pais, meu amigo e eu saíamos escondidos dos nossos quartos, pegávamos o carro da mãe dele e íamos até Hollywood para ver shows e clubes punk, depois voltávamos dirigindo cambaleantes às cinco horas da manhã, dormíamos por duas horas e íamos para a escola. Eu fui expulso de um baile de formatura por atividades ilícitas e tive de prestar cem horas varrendo o chão da escola todos os dias, antes da aula, ou eu seria transferido para a escola rival. Ao longo da minha adolescência, fui um desajustado crônico, e não foram poucos os episódios em que eu poderia ter acabado na cadeia ou morto.

Frequentemente, imagino se meus pais poderiam ter dito ou feito alguma coisa para me ajudar. O provável é que não. Tenho certeza de que, a princípio, eu teria refutado qualquer tentativa deles de conversar comigo sobre questões de sexo, drogas e álcool, mas, se eles persistissem, eu poderia ter cedido. Acho que os jovens gostam que conversem com eles de igual para igual, no mesmo nível.

Podem fingir que não gostam de conversar com adultos, mas este só é o caso quando o pai ou a mãe não está de fato ouvindo e só tenta dizer a eles o que fazer o tempo todo. Se meus pais pudessem ter se aberto um pouco e me contado sobre as coisas estúpidas que eles fizeram na adolescência, em vez da superioridade moral, que geralmente está implícita, eu poderia tê-los enxergado como mais do que apenas aquela unidade parental estereotipada cujo único propósito era me colocar de castigo e arruinar a minha diversão. A experiência pode ser a melhor professora, mas, muitas vezes, é a experiência de outra pessoa que ensina melhor. Se eles tivessem tentado me contar do amigo deles que bebeu uma garrafa de uísque e tentou mijar da janela de um Bel Air 1956 em movimento e teve o testículo esquerdo arrancado, talvez eu não tentasse fazer isso do Volkswagen Rabbit 1981 deles. Eu provavelmente teria tentado, mas pelo menos nós teríamos uma história curiosa para compartilhar.

Para os adolescentes, o problema é que a maioria dos pais, mesmo quando são absurdamente maravilhosos e bondosos, podem com frequência se tornar inimigos mortais. Parece que eles são as duas únicas pessoas no mundo que constantemente tiram o seu cavalo pubescente da chuva e são capazes de inspirar níveis de vergonha tão extremos, que você secretamente reza para eles entrarem em algum tipo de coma, acordem no Natal, assinem um cheque para você e voltem a dormir. O engraçado é que você poderia ter sido pego roubando a *Mona Lisa* do Louvre e cagado em cima dela, e de alguma forma a culpa seria toda deles e você berraria "EU ODEIO VOCÊS!" e bateria a porta do quarto quando eles te mandassem para lá de castigo. Parece não haver como os pais ganharem uma situação assim. O melhor que se pode fazer é esperar que o temporal passe.

Provavelmente, a única maneira com que seremos capazes de ajudar as nossas filhas a atravessar essa época da vida delas e permanecer de algum jeito próximos a elas é se tentarmos nos reconectar com nosso adolescente punk interior e nos lembrarmos de tratá-las como indivíduos, não só adolescentes melodramáticas típicas. Duvido que será divertido discutir certos tópicos com elas e só de pensar em todos os namorados que vou ter de conhecer e apresentar à minha espingarda de cano serrado e ao meu pitbull, já me dá enxaqueca.

Independente do quão jovem de coração eu finja ser, sei que vai chegar o dia em que as minhas filhas vão ficar com vergonha de me ter por perto. Só espero que elas não se transformem naquelas adolescentes que param de falar com os pais e os tratam como mobília, ou pior. Os filhos definitivamente não serão capazes de se identificar com o seu eu de trinta e cinco anos ou mais, preocupado com impostos e a senilidade iminente, mas podem se conectar com o seu eu adolescente, que começou uma guerra de burritos no refeitório da escola e fez com que todo mundo fosse suspenso e depois se sentiu mal por isso. Em algum momento, vou contar às minhas filhas adolescentes todas as coisas estúpidas que fiz no ensino médio e tentarei me comiserar um pouco quando elas fizerem as mesmas besteiras, em vez de ser sempre a autoridade moral implícita e o tribunal e júri paternais. Talvez aí elas se sintam mal em dizer às pessoas que eu não sou o pai delas de verdade e finjam querer andar comigo – pelo menos pela minha carteira. Essa é uma das poucas maneiras com que consigo imaginar que eu seja capaz de permanecer envolvido na vida delas e não ser considerado apenas o provedor da mesada e o carcereiro de fim de semana.

"SOU SÓ UM IDIOTA SEM AUTOESTIMA. AWAAYYOOO!"[1]

Lembro-me de, aos quatorze ou quinze anos, estar em uma busca constante por algo em que eu fosse bom. Tentei surfar e andar de ska-

---

1 *"I'm just a sucka with no self-esteem"*, verso de "Self Esteem", do Offspring.

te, e, embora eu tivesse habilidades razoáveis, alguns dos meus amigos da escola já eram patrocinados por grandes marcas de roupa e já ganhavam campeonatos. Meus outros amigos eram ases do futebol e do basquete, mas eu nunca passei das duas ou três primeiras rodadas de seletivas. Alguns amigos estavam até na equipe de corrida, mas a essa altura, eu já fumava meio maço de cigarros por dia, então, estava fora. Foi só até eu me sentar no meu quarto para tocar guitarra, como eu fazia todos os dias depois da escola, pensando no que eu poderia fazer que me interessasse, que subitamente me ocorreu.

O papel ativo que serei capaz de desempenhar para ajudar a incentivar a autoestima das nossas filhas é nunca desistir na busca de encontrar algo que as interesse. Posso interessá-las em música ao comprar para elas uma guitarra ou uma bateria de segunda mão, envolvê-las em esportes ao levá-las a jogos de basquete ou competições de skate, ou ir com elas até as piscinas de maré e tentar fazê-las se interessar por biologia marinha. Se você ainda não apresentou o seu filho a todas essas coisas em uma busca incessante para ajudá-lo a encontrar algo em que ele se interesse, você não cumpriu a sua função. Tanto as pessoas jovens quanto as velhas tendem a julgar seu próprio valor, baseadas na aparência ou na popularidade, que geralmente são fatores além do nosso controle, mas ter algo que você gosta de fazer e pelo qual você é apaixonado pode ser, às vezes, a única coisa que te faz se sentir bem consigo mesmo e te ajuda a se desviar de outros impulsos mais autodestrutivos.

O teste para nós, como pais, passa a ser como nós podemos ajudar os futuros adultos a aprender a lidar com seus inevitáveis fracassos e suas decepções, e encorajá-los a nunca abandonar a esperança. Se nós reforçarmos a autoestima deles, percalços podem parecer oportunidades temporárias de se construir caráter, e não derrotas de uma vida toda. Se formos capazes de nos lembrar como era ser adolescente e tratarmos os nossos adolescentes como pessoas de ver-

226 PAPAI PUNK

dade, e não uma faixa etária, deveremos ser capazes de nos comunicar melhor com eles e ganhar a sua admiração e seu respeito. Dessa forma, mesmo se eles começarem a ouvir punk rock e decidirem que todas as figuras de autoridade merecem desprezo, talvez pelo menos finjam que nós estamos do lado deles por um tempo.

VOU PERMANECER JOVEM ATÉ MORRER

Adoro quando minhas filhas ligam para uma amiga e perguntam se elas querem vir em casa "brincar". É totalmente indefinido. Venha pra cá e a gente inventa alguma coisa. Pegamos uma bola e jogamos uma para a outra ou fingimos ser astronautas, que depois viram piratas que explodem a cabeça umas das outras, e depois podemos fazer uma festa do chá com desfile de moda. Qualquer coisa! Quando há um grupo delas, como na minha rua, onde um clã de cerca de oito crianças viaja em um único bando pré-adolescente, são como um tufão infantil que passa pela região, atravessando quintais, salas e garagens, gramados, cozinhas e calçadas. Estou tocando guitarra na garagem, a porta se escancara e todas elas entram correndo, pegam o microfone e berram "YEAH, YEAH, YEAH! ROCK'N'ROLL! ROCK'N'ROLL! MANEIRO, CARA! YEAH! YEAH!" e fazem uma algazarra com dancinhas doidas, até alguém gritar "VAMOS JOGAR BOLA!", aí todas gritam "SIM!" e saem em disparada pela porta. Por que os adultos precisam ficar totalmente bêbados para agir assim?

Há algum tempo, fui à escola dos meus sobrinhos para participar de uma partida de "chutebol" no Dia dos Pais, porque o pai deles, o irmão da minha esposa, tinha sido convocado pelo Exército para ir para o Iraque. Eu não acreditava o quão divertido um jogo inocente de chutebol poderia ser, e dentro de umas duas rodas eu estava de volta ao gramado da minha juventude, marcando *home runs* e quicando uma grande bola de borracha na cabeça das crianças quando elas tentavam roubá-la. Às vezes, acho que temos tanto a aprender com elas quanto elas conosco sobre o que é importante na vida.

Embora eu já tenha passado dos quarenta, ainda me visto da mesma maneira de quando eu tinha quatorze: Levi's 501, tênis Vans, camiseta de alguma loja de surf e boné de baseball. A maioria dos caras da minha faixa etária começa a se vestir de acordo com a idade e a essa altura estão usando terno e gravata para trabalhar e dockside e polo listrada nas *Casual Fridays*. Eu sei que o meu pai não se veste mais como o Fonz de *Dias Felizes*, como sugerem as suas fotos desbotadas do tempo da escola, com cabelo penteado para trás, cigarros na manga, jeans com a barra dobrada e sapatos pretos. Como se eu estivesse em uma fenda temporal perene, ainda vou de skate até o mercado comprar leite e cereal para o café da manhã das crianças, e, em vez de jogar golfe, surfo. Na nossa última turnê europeia, quebrei três costelas dando mosh em um festival em Zurique. Digamos que eu não sou o Ozzie Nelson.

Dito isso, alguém me perguntou recentemente o que eu achava de uma nova banda de screamo que estava tocando no Warped Tour naquele ano, e eu respondi que, para mim, soava como um monte de gritos e barulho. À medida que as palavras saíam da minha boca, percebi que eu soava como um velho bunda-mole, reclamando dos jovens de hoje em dia e da farsa que eles chamam de música. Também percebi que eu e muitos dos meus amigos, na verdade, não ouvimos mais muita música nova, preferindo ouvir nossos velhos álbuns do Clash e dos Ramones como velhos e confiáveis amigos, em vez de nos preocuparmos em acompanhar as últimas tendências. Imagino que seja assim que finalmente acontece. Descobrimos que não conseguimos mais nos relacionar com os jovens e, quando nos damos conta, estamos usando fraldas geriátricas e tirando a dentadura para colocar num copo d'água no criado-mudo toda noite.

Também me surpreendi ao perceber que os meus pontos de vista sobre certos assuntos estão se tornando mais conservadores, de certas maneiras. Não estou pronto para começar a frequentar eventos republicanos no country club da cidade, mas acredito, sim, que a crescente glorificação da violência, da promiscuidade e do uso de drogas nos filmes e na música estejam exercendo um impacto negativo sobre alguns jovens. Videogames sobre como é ótimo ser cafetão ou membro de gangue e DVDs sobre garotas indo à loucura afetaram, de alguma maneira pequena, a habilidade deles de distinguir o certo do errado. Tornar-me pai começou a me fazer olhar para algumas questões de forma um pouco diferente. Muitos dos nossos álbuns mais recentes têm um conteúdo político forte nas letras, principalmente porque eu estava ficando preocupado que o planeta a ser herdado por nossos filhos se pareceria com algum tipo de pesadelo orwelliano, mas habitado por cafetões viciados em metanfetamina e putas.

Ao longo do último século, o problema de muitas relações entre pais e filhos foi o que parecia ser uma lacuna geracional cada vez maior. Os pais sempre pensaram que a música, a moda e as atividades recreativas dos filhos eram psicóticas, irresponsáveis e insanas, e os filhos, por sua vez, achavam as dos pais irremediavelmente monótonas, fora de moda e chatas. Enquanto eu ouvia The Gears e The Germs, usava Doc Martens e bebia cerveja de um bong por diversão, meu pai ouvia Frank Sinatra, usava sapatos de camurça e jogava golfe. Éramos tão diferentes quanto os pais que viam Elvis Presley cantar uma canção sobre um "cachorro" ("Hound Dog") como a música do diabo.

De algum modo, ao longo das últimas décadas, a lacuna geracional parece ter diminuído um pouco. Você vê adultos se vestindo como adolescentes e crianças ouvindo Nirvana, Green Day e as mesmas bandas que os pais ouviam quando estavam se formando no ensino médio. O punk rock, em toda sua glória niilista, de alguma forma se tornou o catalisador que ajudou a preencher essa lacuna geracional, provavelmente devido ao fato de que muita gente da nossa geração via crescer e assumir responsabilidades como se vender e desistir, e tentou se agarrar a uma perspectiva jovem o máximo que pôde.

A lacuna geracional que se fecha de fato apresenta uma oportunidade única para a nossa geração de criar melhores relacionamentos com os nossos filhos, e, se fizermos isso certo, poderemos produzir uma geração de jovens conscientes e de pensamento independente, que poderiam de fato parar de repetir alguns dos erros trágicos que cometemos no passado. Se em vez de forçarmos nossas religiões, nossos dogmas e nossos pontos de vista tacanhos a eles, pudéssemos incentivá-los a pensar por si mesmos e mostrá-los como ser graciosos e tolerantes, em vez de egoístas e de mente fechada, talvez fôssemos capazes mesmo de fazer do mundo um lugar melhor, simplesmente ao sermos bons pais. Afinal, não era esse o objetivo fundamental do punk rock em primeiro lugar, expor a sociedade como a farsa que era, na vacilante esperança de substituí-la por uma sociedade melhor? Infelizmente, em algum ponto do caminho nós somos pegos pela luta diária da vida cotidiana, e isso se torna um sonho majestoso e irreal. Há uma boa chance de ficarmos tão cansados de correr atrás dos nossos filhos e mantê-los fora de perigo, que nos tornaremos preguiçosos e só tentaremos sobreviver a tudo isso, e perpetuaremos os mesmos problemas que tivemos no passado. Às vezes, tudo o que podemos fazer como pais é esperar que tenhamos dado à próxima geração a oportunidade de não ferrar as coisas tanto quanto nós o fizemos.

"AO LONGO DAS ÚLTIMAS DÉCADAS, A LACUNA GERACIONAL PARECE TER DIMINUÍDO UM POUCO. VOCÊ VÊ ADULTOS SE VESTINDO COMO ADOLESCENTES E CRIANÇAS OUVINDO NIRVANA, GREEN DAY E AS MESMAS BANDAS QUE OS PAIS OUVIAM QUANDO ESTAVAM NO ENSINO MÉDIO."

AS CRIANÇAS ADORAM TOCAR O TERROR.

O PUNK ROCK SÓ PROPORCIONA A TRILHA SONORA.

CAPÍTULO 7.

F@D#-SE A AUTORIDADE?

"Minha filha estuda em uma escola em uma região conservadora, e ela não se veste em um estilo punk rock *per se*, mas a atitude dela é fazer as coisas dela e criar seu próprio estilo. Alguns dos professores e colegas acham que é meio estranho e ela recebeu críticas de uma professora assistente na terceira série, que disse que o que ela estava vestindo não era adequado para a idade dela. Devia ser alguma coisa tranquila, como uma camiseta do Queen com manguitos. Em primeiro lugar, era só uma professora assistente, não uma polícia da moral ou da moda. Eu disse à minha filha para não se preocupar com isso, porque, às vezes, quando você é criativa, diferente e inconformista, não é algo ruim, só que algumas pessoas simplesmente não entendem. Ela levou para o lado pessoal, como se a professora não gostasse dela, mas eu disse que a professora não a entendia e que era para ela apenas continuar a fazer o que já fazia."

⚡ **GREG HETSON, BAD RELIGION E CIRCLE JERKS**

QUANDO a professora da minha filha me perguntou, na noite de pais, sobre a minha música que estava no rádio, fiquei meio envergonhado. O que um pai de quarenta anos, com três filhas, estava fazendo cantando uma música sobre dar o dedo do meio para a autoridade? Não seria hipócrita esperar que as minhas filhas obedecessem a minha autoridade, quando eu vinha berrando para que todo mundo não fizesse isso?

Quando crianças e adolescentes, nós naturalmente quisemos nos rebelar contra nossos pais. Imagine se da hora que você acorda até a hora de você ir dormir tivessem dois gigantes te vigiando, dizendo "Não faça isso!", "Cuidado!", "Não toque nisso!", "Fique quieto!", "Vista uma blusa, senão vai pegar resfriado!", "Cuidado, está quente!", "Pare com isso!", "Hora de dormir!". Você iria provavelmente (A) odiá-los com cada fibra do seu corpo ou (B) querer fazer tudo o que eles estão te dizendo para não fazer, só para irritá-los, ou, ainda, mais provavelmente, ambas as alternativas. Depois de receberem ordens a torto e a direito por toda a vida, os filhos muitas vezes se rebelam só porque estão cansados de ouvir o que fazer o dia todo.

Chimpanzés e gorilas jovens fazem caretas e mostram a bunda para os mais velhos, mas só pelas costas deles; depois, revertem para uma postura submissa quando os macacos maduros se viram, tipo quando você sentava no banco de trás do carro da família e fazia caretas de porco por trás da cabeça do seu pai. É divertido se rebelar! Todos nós gostamos de dizer o que pensamos às figuras de autoridade quando pensamos que podemos nos safar, seja mostrar o dedo para a fiscal de Zona Azul, driblar os seguranças na entrada de um show ou escrever uma música punk sobre enfrentar o sistema. Não abaixar a cabeça para figuras de autoridade e sacudir as viagens de poder deles são a nossa maneira de retomar um pouco do controle. As crianças têm esse impulso embutido, então cabe a nós saber como lidar com ele.

Na verdade, há um sem-número de razões pelas quais os jovens se tornam rebeldes: alguns são apenas totalmente incontroláveis e não conseguem evitar, outros só têm uma queda por querer ser um pé no saco. Para mim e os meus amigos, quando éramos jovens, pensávamos que a rejeição de toda autoridade era do que o punk rock tratava. Passávamos todo o nosso tempo tentando provar que a sociedade não mandava em nós. Se a moda da época era arrumadinha e conservadora, nós pintávamos o cabelo de verde e usávamos roupas rasgadas. Se a sociedade educada decidia o que era e o que não era grande arte, nossa música seria alta, rápida e incômoda, e a imagem ao redor dela deliberadamente decadente e ofensiva. Isso nos dava independência em relação aos outros clones na escola e um senso de valor próprio, por mais avariado e depravado que fosse. Assim como as gerações imediatamente anteriores à nossa usavam o rock para se distinguir dos gostos e da sensibilidade dos pais, nós estávamos cravando o nosso próprio território psíquico onde *nós* fazíamos as regras e decidíamos por nós mesmos o que era legal e o que não era. O que se tornou conhecido como punk rock e cultura alternativa surgiu como precipitação da adolescência rebelde da nossa geração.

À medida que ficávamos mais velhos, pensávamos que poderíamos nos ater a esse estado de espírito jovial e idealista, cantando *"I'm gonna stay young until I die!"*[1] no show do 7 Seconds e resistindo à pressão de crescer e assumir responsabilidades, chafurdados em um estado de adolescência perpétua. Pensávamos que se nos tornássemos pais, seríamos os pais mais legais do mundo, deixaríamos os nossos filhos fazerem tudo o que os nossos pais não nos deixavam, como ficar acordado até tarde, beber cerveja, fumar cigarros e comer doces todos os dias no café da manhã. Então, o que acontece quando de fato nos tornamos pais e a coisa muda de figura, e temos nossos próprios diabinhos rebeldes para criar? Ensinamos a eles a se rebelar contra a autoridade como nós fizemos, para não sermos hipócritas? Mostramos a eles como rejeitar as leis da sociedade, viver uma vida de anarquia, mostrar o dedo para os policiais e entrar para o Corpo da Paz?

Recentemente, assisti a um programa de TV sobre uma família cujos pais deixavam as crianças fazerem o que quisessem. Elas não davam ouvidos a ninguém, agiam e se vestiam da maneira como achassem melhor e saíam e voltavam quando queriam. Eu nunca na vida vi três pirralhos mais desrespeitosos, incômodos e desajustados. Berravam com a mãe quando ela pedia que fizessem a coisa mais simples. Estapeavam, cuspiam, chutavam e socavam uns aos outros e, de modo geral, corriam pela casa gritando como minitiranos napoleônicos. A mãe e o pai só davam de ombros e concordavam com isso,

---

1 "Vou permanecer jovem até morrer", verso de "Young Till I Die", da banda 7 Seconds.

porque queriam ser pais "legais", e deixavam as crianças fazerem o que quisessem para que pudessem se "expressar".

Uma dessas supostas mães "legais" me deu o primeiro pega em um bong quando eu tinha treze anos. Ela e toda a família fumavam juntas. Depois de alguns anos convivendo na casa deles todos os dias depois da aula, os filhos dela e eu parecíamos miniaturas de Keith Richards, chapados, fora de si. Às vezes, tentar ser o pai legal pode fazer mais mal do que bem.

O objetivo para nós, papais punks, se torna, então, descobrir um equilíbrio que incentive os filhos a questionar a autoridade e ainda nos respeitar como pais, por mais improvável que isso soe. Quero tentar ensinar as minhas filhas a desenvolver uma boa dose de ceticismo, para que não sejam facilmente convencíveis e ingênuas, porque acho que elas precisam ser avisadas que algumas figuras nefastas de autoridade não merecem respeito. Precisam saber que há todo tipo de cultos, religiões e dogmas diferentes por aí, que vão tentar coagi-las a aceitar as suas visões de mundo, às vezes, altamente questionáveis, como fatos, e que elas devem ter cautela com qualquer um que tente dizer a elas exatamente como pensar e no que acreditar. Elas também devem ser incentivadas a nem sempre seguir a turma da moda e ceder à pressão dos companheiros e não ter medo de se expressar criativamente. Os slogans de individualismo e inconformismo do punk rock são instruções valiosas, no que diz respeito a uma maneira filosófica de abordar o mundo, mas logo descobrimos que, quando temos de encarar as realidades duras do mundo prático, é preciso menos slogans e filosofias e mais senso comum. Assim, nós, como pais punk rock, ensinamos aos nossos filhos a mentalidade panfletária de "rejeite toda a autoridade" em todos os casos, até no nosso?

Em uma certa idade, começamos a nos dar conta de que, gostemos ou não, há algumas regras que te mantêm longe da cadeia e longe de problemas, e outras que te mantêm vivo. Descobrimos que a nossa felicidade – ou pelo menos se manter fora de situações realmente de merda – se torna a coisa mais importante da vida, e é difícil ser feliz quando se está na cadeia, morando na rua ou morto. Todos nós temos histórias trágicas de amigos e familiares que, sem disciplina ou respeito algum por algumas das regras mais adequadas da vida, acabaram em lugares nada divertidos. Assim, quando o seu filho estiver brincando no jardim e disparar para o meio da rua, você precisa ter a responsabilidade de mostrar a ele que aquela é uma boa maneira para se tornar um enfeite humano no asfalto. Quando eles quiserem construir uma rampa de skate para tentar saltar do seu teto para o do vizinho, você pode alertá-los que da próxima vez eles poderão estar tentando fazer isso numa cadeira de rodas. Diga a eles que, por mais que você gostaria de invadir a delegacia, o Congresso e a Casa Branca, e agarrar as pessoas ali pelas lapelas e dar um trato nelas por usarem o sonho americano como papel higiênico, a Constituição inclui maneiras de fazer isso que não vão lhe render uma acusação de crime federal. Embora você mesmo possa ter feito isso, você também precisa ensiná-los que viver fumando maconha e roubando carros são ótimas maneiras de garantir que você se torne a vadia de alguém na cadeia. Esses são o seu dever e a sua responsabilidade para com os seus filhos, não importa o quão maneiro e punk você acha que seja.

O equilíbrio entre ser o pai maneiro e a figura de autoridade honesta e justa é a balança que todos os pais têm de aprender a operar; penda demais para um lado e você será o babaca excessivo que sempre berra com os filhos até que eles não tenham diversão alguma, e penda demais para o outro, na tentativa de ser o melhor amigo deles, e seus filhos crescerão sem disciplina até que a vida os ensine do jeito mais difícil. Esta última alternativa é ainda mais dura para um pai da Geração X punk. Nós nos sentimos tão próximos da nossa adolescência psicótica, em que queríamos fazer qualquer coisa para emputecer nossos pais, e nos lembramos o quanto nossos pais eram capatazes maníacos e como nós os odiávamos por isso, que agora compensamos em excesso ao tentar sermos os pais superdescolados.

O respeito pela autoridade deve ser conquistado. Espero que as minhas filhas respeitem a nossa autoridade, contanto que possamos estabelecer um bom exemplo e as tratemos como seres humanos, em vez de tratá-las como cretininhas a serem moldadas, de acordo com alguma imagem que queiramos. Elas ainda vão testar os limites diariamente, está nos genes delas. Um pai se torna legal ao considerar o ponto de vista dos filhos e ao relembrar de quando era um jovem punk e como era uma droga quando ninguém dava a mínima para as nossas opiniões. Quando você deve determinar a lei, você faz isso ao definir os limites de antemão, explicando as razões pelas quais as coisas são como são, e então exercendo medidas disciplinares humanas e consistentes, para que eles aprendam uma lição que não vão precisar repetir cem vezes. Se de alguma forma eu conseguir isso, talvez então, um dia, elas não escrevam uma música sobre como eu fui um pai terrível.

> **"UM PAI SE TORNA LEGAL AO CONSIDERAR O PONTO DE VISTA DOS FILHOS E AO RELEMBRAR DE QUANDO ERA UM JOVEM PUNK E COMO ERA UMA DROGA QUANDO NINGUÉM DAVA A MÍNIMA PARA AS NOSSAS OPINIÕES."**

HISTÓRIA DA MÚSICA #1

"Você precisa colocar punk rock para tocar para o seu bebê. Minha filha tem dois anos e adora, mas depende muito de qual banda. Ela odeia o primeiro disco do Suicidal Tendencies, mas ama o novo do Sum 41. Odeia o David Bowie, mas ama o Filthy Thieving Bastards. Odeia o None More Black, mas felizmente ama o NOFX (bem, o nosso novo disco nem tanto, mas do War on Errorism ela com certeza gosta). Você tem de colocar punk rock para os seus filhos ouvirem cedo, para que eles tenham algo contra o que se rebelar quando forem mais velhos. Contanto que ela não comece a gostar de hip-hop, ficarei feliz".

 FAT MIKE, NOFX

Quando a segunda onda de punk rock estava forte na segunda metade dos anos 1990, esse foi também o começo da era das boy bands e estrelas pop, quando Britney Spears e o *NSYNC dominavam as rádios e a MTV. Considerei o meu dever como punk rocker ridicularizar a música deles como lixo descerebrado em cada show que fazíamos, usando nossa música "Perfect People" para entrar em uma tiração de onda contra aquele pop sintético, açucarado e chiclete feito com playback por novas celebridades recém-arrumadinhas e inacreditavelmente atraentes, que, a meu ver, estavam arruinando a música americana. Agora, que tenho filhas que ouvem esse tipo de música o tempo todo, devo admitir que minha opinião suavizou um pouco. A música pop existe unicamente para entreter as pessoas. É escapista e pegajosa, todas as crianças do bairro adoram cantar e dançar junto e ler revistas como *Tiger Beat* e colocar pôsteres dos pop stars nas paredes dos quartos. Quem sou eu para negar esse prazer a elas, ou dizer que é errado? É quase como um rito de passagem. Primeiro, achei que deveria pregar a elas sobre como esse tipo de música era consumista, sem vida e engessada, mas por que arruinar a diversão delas e fazê-las ouvir a música raivosa e agressiva com uma mensagem que ouvi por todos esses anos? Talvez elas tenham uma atitude melhor em relação ao mundo do que eu depois de ouvir discos demais do Sham 69.

Dito isso, quando elas atingem uma certa idade, eu sinto que é o meu dever dar a elas uma educação musical semanal, para que elas conheçam todo tipo de música. Começo com música erudita – Beethoven, Bach e Brahms, basicamente qualquer coisa que comece com B e tenha violinos, só para dar um pouco de cultura a elas e formar a base – mas é daí direto para o blues. Toco para elas um pouco de Robert Johnson, Leadbelly, Howlin' Wolf, Muddy Waters, Bessie Smith e B. B. King, enquanto elas estão brincando de boneca, e explico que o blues é sobre se sentir pra baixo e triste, e que, às vezes, tocar músicas sobre se sentir pra baixo e triste te faz se sentir melhor, de algum jeito. Na semana seguinte, ouvimos um pouco de jazz, com Coltrane, Miles Davis, Chet Baker, Charlie Parker e Thelonious Monk, e usamos boinas francesas e óculos escuros enquanto discutimos Sartre e o existencialismo. Depois, ponho um pouco de country para tocar, Hank Williams, Woody Guthrie, Gene Autry e Bob Wills. Conto para elas que essa música era tocada por americanos simples e trabalhadores do interior, e que era muito boa antes de ser cooptada por cowboys urbanos com botas de couro de cobra de dois mil dólares e calças jeans apertadas, cantando sobre coraçõezinhos partidos e sobre não mexer com o Texas.

A semana seguinte é devotada inteiramente ao rock'n'roll. Conto a elas que embora muita gente considere Elvis Presley o rei do Rock'n'Roll, também havia Chuck Berry, Bill Haley, Buddy Holly, Little Richard, Jerry Lee Lewis, Carl Perkins, Gene Vincent e muitos outros, que deveriam ser incluídos junto com ele como os pais fundadores do rock moderno. Conto que as crianças dos anos 1950 adoraram o rock'n'roll de imediato, mas que os pais delas detestaram e diziam que era "a música do diabo". Tento convencê-las de que não importa que tipo de música elas curtam na adolescência, eu não vou dizer que é a música do diabo, por mais que secretamente eu suspeite que possa ser. Depois, admito que Elvis foi realmente o rei e nós alugamos *Prisioneiro do rock* e *Amor a toda velocidade*, a que assistimos comendo sanduíches de banana com pasta de amendoim, e quando acaba, eu as mando para a cama e atiro na TV com armas de fogo.

Em seguida, chegamos aos precursores nos anos 1960, que, cada um à sua maneira, seja pela música, pela presença de palco, pelas letras ou pela atitude, contribuíram para o que depois ficaria conhecido como punk rock. Tocamos Beatles, Rolling Stones, The Who, The Doors, The Seeds, Velvet Underground e MC5. Com elas sentadas em almofadas à minha volta, com camisas tie-dye e mocassins, explico que, embora esse período tenha sem dúvida produzido alguns dos momentos do rock mais inspiradores e impressionantes de todos os tempos, também abriu as portas para uma era de amor livre e experimentação desinibida com drogas. É a deixa perfeita para uma discussão longa, complicada e desconfortável sobre os perigos de ambas as coisas, que inclui uma apresentação de slides bem gráficos e narrativas em primeira pessoa vergonhosas, que eu espero que as inspire a querer entrar para um convento. Sei que alguns dos meus companheiros de punk rock planejam deixar os seus filhos aprenderem com os próprios erros, mas eu não tenho o tempo, nem o dinheiro, nem a estrutura mental para isso. Penso que a coerção por intimidação e medo vai ser mais fácil para todos nós.

Depois, finalmente chega a vez do início do punk rock, com New York Dolls, Dictators, Patti Smith, Television, Ramones e Blondie. Compro a primeira camiseta do CBGB delas, mas nunca, em nenhuma circunstância, deixo que lavem. Este é um gênero musical que dispensa explicações. Só coloco *Road to Ruin* para tocar o mais alto que os alto-falantes permitem e as deixo curtir. O punk rock é combustão espontânea. Quando eu tinha cerca de quatorze anos, coloquei Ramones no som para alguns dos meus amigos que ainda não tinham ouvido falar neles, e de imediato o quarto virou uma roda punk espontânea, sem que qualquer um ali soubesse o que era aquilo ou tivesse visto uma roda. As crianças adoram tocar o terror. O punk rock só proporciona a trilha sonora.

Em seguida, toco um pouco de punk inglês, como Sex Pistols, The Clash, Generation X, The Damned e Buzzcocks. Ensino a elas como ofender alguém da maneira britânica, com o gesto de paz e amor com as costas da mão, mas se pegar alguma delas fazendo isso, coloco de castigo. Depois, enfim chega a vez do meu favorito, o punk da Califórnia, com Germs, Black Flag, Circle Jerks, Descendents, Adolescents, TSOL, 7 Seconds, Social Distortion, Dead Kennedys e Bad Religion. Mostro a elas como dar mosh e o que fazer se você cair no meio da roda. Conto para elas que essa música foi criada por garotos suburbanos entediados assim como elas, e que se elas se sentirem frustradas e confusas, sempre podem começar uma banda e escrever músicas sobre isso. Às vezes, isso é melhor do que milhares de dólares gastos para passar um tempo no divã do terapeuta.

Depois disso, completo tudo com um pouco de punk da Costa Leste, como Bad Brains, Agnostic Front, Minor Threat e Misfits, e depois pós-punk, skate punk, hip-hop e todo o resto – Sonic Youth, Pixies, Nirvana, The Smiths, Hüsker Dü, Eric B. & Rakim, Grandmaster Flash, The Replacements, Green Day, The Offspring, NOFX, Rancid, Refused etc. –, basicamente tudo o que resta na minha coleção de discos que não é punk ou simplesmente está lá por ironia do destino. Sinto que é minha responsabilidade, como alguém que teve a vida completamente alterada, colorida, moldada e categorizada pela música que eu ouvia na época, dar às minhas filhas um contexto do porquê a música ser tão importante para mim, e como ela chega muito perto de definir quem nós somos. Depois de tudo isso, cabe a elas decidirem o que querem ouvir. Se elas ouvirem "Hold My Life", dos Replacements, ou "Clocked In", do Black Flag, e ainda quiserem ouvir as Britneys e os Justins, talvez eu fique um pouco desapontado, mas, ao mesmo tempo, sou o pai delas, do que é que eu sei?

TUDO VIRA CINZA

Embora os sábios, em seu fim, saibam que
o escuro é certo
Como suas palavras não perfuraram um relâmpago
Eles não entram suaves nessa boa noite

DYLAN THOMAS

Um dia desses, eu estava conversando com o dono do nosso selo e reclamando que os caras da banda estão me enchendo o saco porque eu não faço mais tantas turnês agora, que tenho uma família. Não posso mais viajar por semanas a fio como eu fazia quando tinha vinte e um anos e nenhuma responsabilidade. Ele compreendeu, mas disse que os outros caras que não têm filhos provavelmente ainda querem sair em turnê e viver aquela vida, e que todas as bandas da nossa geração estavam diante do mesmo problema. Os caras com famílias estão começando a se estabelecer, mas os outros ainda estão agarrados à esperança de que podem fazer a viagem durar um pouco mais. Ele disse "Este é o punk rock ficando grisalho. Isso nunca aconteceu antes".

O punk rock, como forma musical, está entrando em sua Idade Média. O jazz e o blues estão velhos e grisalhos, fitando a TV em silêncio, em uma casa de repouso. O rock'n'roll é um senhor de idade comendo em um restaurante familiar e que não deveria estar atrás do volante de um automóvel. O hip-hop está perto dos trinta, nadando em dinheiro, mas começando a se preocupar com os impostos, e o emo e o screamo são adolescentes passando pela gente mostrando a bunda pela janela do carro. Muitos de nós punk rockers grisalhos estão se entreolhando e perguntando "O que aconteceu?".

A questão passa a ser como os punk rockers vão envelhecer e manter a energia e o idealismo juvenil, mas ainda se ater à dignidade. Para mim, começa a parecer estranho ter a minha idade, três filhas e uma hipoteca e cantar músicas sobre não querer crescer e ser responsável. É um pouco tarde demais pra isso. Parece que hoje em dia eu tenho mais cabelo na orelha e nas costas do que na cabeça, e o que me resta na cabeça está ficando rapidamente branco. Os pés de galinha ao redor dos meus olhos e as rugas na minha testa estão inspirando longas e sombrias olhadas no espelho e mais reflexões sobre a minha mortalidade do que eu gostaria de admitir.

Eu não quero ser um daqueles caras que com sessenta anos ainda usam jaqueta de couro com necros pintado com spray nas costas e tingem o cabelo grisalho de laranja em uma tentativa vã de se convencer de que ainda são maneiros. Alguns punks têm essa noção romântica de que você precisa vestir o uniforme para provar que é um punk para a vida toda e que nunca vai desistir. Eu sou punk para a vida toda porque amo a música e a mensagem, e porque cresci cercado pela cultura de garotos punks, ouvindo o belo niilismo nos nossos fones de ouvido. As canções e esse imaginário são marcos da minha juventude, percorrendo as ruelas da South Bay no meu skate, de jeans e camisa de flanela, ouvindo Wasted Youth, sem me importar com o que mundo achava de mim. Isso é quem eu sou. Não preciso provar essa estirpe para ninguém. No entanto, se agarrar tão fortemente a isso pode ficar meio patético, como ver um cara aos quarenta anos usando seu uniforme de futebol americano do ensino médio, bebendo cerveja e chorando no jardim, lamentando a glória perdida.

Quando tocamos no Warped Tour para o aniversário de dez anos da turnê, embora nossos fãs ainda fossem incentivadores e selvagens como sempre, era possível sentir uma mudança: uma certa parcela do público estava aguardando a próxima banda nova e jovem que tocaria depois de nós, e só estava aguardando nosso show de banda punk veterana acabar para que pudesse conseguir um lugar mais próximo do palco para a banda mais jovem. Isso é péssimo. Lembro-me que ano sim, ano não, as bandas ficavam com medo de tocar antes ou depois da gente, quando o Sr. Rei do Hip-Hop Número Um nas Paradas teve de encerrar seu show mais cedo porque os nossos fãs entoavam "PENNYWISE!" tão alto, que não dava para ouvi-lo. É, bons tempos aqueles. Já consigo me imaginar velho e gordo, bebendo scotch e água à beira da piscina em Palm Springs, recontando essa história para os meus parceiros de golfe, dia após dia.

Mas reconhecer que você não é mais tão jovem não significa que você precisa parar de amar a música e de acreditar nos seus ideais. Para mim, o punk representa independência e inconformismo, e foi uma fonte constante de força para aqueles de nós que se sentiam relegados de alguma forma. Isso abraçava e defendia o individualismo, ao mesmo tempo que inspirava uma ideia populista de unidade e fraternidade entre desajustados correligionários empurrados para a beira da sociedade. Saindo dos anos 1960, o punk também significou enfrentar a tirania religiosa e política, exigir liberdades civis e expor os falsos e hipócritas do *establishment* como os gananciosos sedentos por dinheiro que realmente eram. O punk rock abrangia tantos conceitos instaurados tão profundamente no meu sistema de valores, que eu nunca seria capaz de deixar isso para trás. A música e o espírito de bandas como

The Clash e Ramones correm pelas minhas veias e definem quem eu sou, não importa a minha idade ou que roupas eu visto. Não é uma moda ou uma idade, mas uma maneira de ver o mundo e encontrar o seu lugar nele, e assim como o country, o rock'n'roll, o blues e o hip--hop, vai ficar por aí por um longo tempo, enquanto houver alguém que não esteja disposto a se contentar com o *status quo* e tiver um amplificador e uma guitarra para dizer isso ao mundo.

ACAMPAMENTO NO QUINTAL

Depois de testemunhar os eventos trágicos dos últimos anos, assim como muitas pessoas, senti uma vaga insatisfação com o estado lamentável do mundo sempre rondando ao fundo na minha vida cotidiana. Talvez isso seja das últimas décadas. Não tenho certeza de qual é o problema; alguns podem dizer que eu estava à beira da depressão, o que parecia estúpido, já que tenho tanto pelo que ser feliz e grato. Sou um cara de sorte em muitos aspectos; tenho uma esposa ótima e três filhas maravilhosas, e uma carreira que me trouxe uma quantia modesta de notoriedade e admiração, mas também sou um daqueles patéticos progressistas emotivos que gostariam que o mundo fosse como a utopia perfeita de uma canção de John Lennon. Todos os dias, vejo no jornal e na televisão notícias sobre bebês mortos em tiroteios-relâmpago e crianças inocentes pegas em um desses conflitos armados ao redor do mundo, e antes que eu termine de tomar o meu café de manhã, já estou levantando meu punho contra Deus por ter criado um mundo como este.

Minha carreira foi outra coisa que me deu muito estresse e desânimo. Como muita gente, não me satisfaço muito fácil, e não importa quantos elogios ou prêmios tenhamos recebido, eu ouvi mais alto as vozes dos críticos, e sempre invejava os que tinham mais sucesso que nós. Li todos os livros budistas e tentei digerir a ideia de que a vida é como a escalada de uma montanha, e que a maioria das pessoas passa a vida fazendo isso com pressa, em um esforço sobre-humano para chegar ao topo, com os olhos focados no prêmio, quando, na realidade, nós deveríamos ir devagar e apreciar a paisagem, ficarmos felizes com o que temos, toda aquela ideia de parar-e-sentir-o-perfume-das-rosas. Porém, por mais que você queira viver dessa forma, é difícil se manter agradecido pelo que você tem na vida quando você está preso nas dificuldades diárias, e você sempre vai estar olhando pelo muro para a grama do vizinho para ver que fertilizante ele está usando para deixá-la tão mais verde que a sua. É raso, ingrato e lamentável, eu sei, mas minta e me diga que você não se sente desse jeito, às vezes; é humano.

Outro dia, acordei e minha filha me disse: "Papai, quero que você brinque comigo hoje. Você não brinca mais comigo". Doeu ouvi-la dizer isso, mas era verdade. Eu estava tão envolvido na minha carreira e no meu desenvolvimento pseudointelectual, que tinha me tornado só um participante no crescimento dela, apartando brigas entre as irmãs e bancando o juiz na mesa de jantar, na tentativa de fazê-las sentar quietas e comer as ervilhas. Assim, eu disse a ela que nós montaríamos a barraca no quintal e acamparíamos. Pegamos lenha, elas trouxeram os sacos de dormir e as bonecas para a barraca, nós brincamos de teatro de sombras com os dedos, contamos histórias de fantasma e assamos cachorros-quentes e marshmallows a noite toda. Quando elas não conseguiram mais manter os olhos abertos e finalmente dormiram, fiquei lá sentado observando-as dormir e pensei: "É disso que se trata". É assim que eu posso realmente ser feliz. Não posso mudar o fato de que os homens continuam recorrendo à guerra para resolver os seus conflitos ou de que pessoas escolhem matar umas às outras em nome de alguma ideia estranha de um deus benevolente que escolhe lados em meio a toda essa carnificina. Nem sempre você pode mudar o mundo. Mas posso me assegurar de que vou brincar com as minhas filhas todos os dias, e tentar fazê-las rir e sorrir. Isso é fácil de fazer. As minhas filhas vão se lembrar pelo resto da vida de quando eu montei a barraca no quintal e nós acampamos juntos. Foi um dia em que nos divertimos muito, brincando juntos e despreocupados. É nosso dever, como pais, aumentar o número e a frequência desses momentos e dessas memórias. Não importa quanto dinheiro temos, ou o que os críticos dizem, ou o que os outros pensam de mim. O que importa é que me diverti com as minhas filhas. Não há regras de como fazer isso direito, só a vida real. Todo o resto está fora do meu controle.

A DRENAGEM LENTA E CONSTANTE

Agora, consigo entender como alguns pais se tornam tão competitivos ou superprotetores, que ficam constantemente em cima dos filhos, na esperança de protegê-los de todo tipo de mal que possa cruzar o caminho deles. Se há uma coisa que os pais fazem bem, é se preocupar. Nós sabemos o quão frio e impiedoso o mundo pode ser e como a tragédia pode abater a qualquer momento sem se anunciar. Haverá caronas tarde da noite depois de uma festa com que se preocupar, notas baixas e gols perdidos, formaturas sem par e imprevistos de carreira, sem contar as provocações e os xingamentos impiedosos, que cortam mais fundo do que se fosse você mesmo machucado por eles. E, então, em uma manhã, você vai acordar na meia-idade e vai parecer que o mundo todo passou por você. Nos nossos filhos, nós vemos a nossa juventude perdida e aquele senso ingênuo de esperança e maravilha diante do mundo, em que mesmo quando parecia que o peso de tudo isso era capaz de esmagá-lo, você pelo menos sabia que estava vivo e avante.

Agora, quando ele tem um tempo livre, o Papai Punk vai até a garagem e toca sua guitarra. Toca de manhã e tarde da noite, e em horários estranhos entre eles. Toca uma Les Paul Standard 78 preta em um Marshall JCM 800, porque só um poser tocaria qualquer outra coisa, e não há absolutamente necessidade nenhuma de tocar em qualquer outro amplificador que não seja um JCM 800, se você estiver empunhando uma Les Paul Standard preta. Ele toca extremamente alto, a ponto de perturbar os vizinhos e fazer os cachorros latirem, e há microfonia, distorção e velocidade que ecoam pela casa e sacodem as vigas com o mi grave. O cachorro cobre as orelhas, o gato se esconde e as crianças aumentam o volume da televisão para tentar abafar o som que não se abafa, e a esposa, em vão, finge não ouvir, mas o Papai Punk segue palhetando por horas a fio, compondo canções que só ele vai ouvir, odes à sua frustração com a maneira como o mundo anda, mas também à faísca niilista de vida que ferve dentro dele, que certas vezes o faz querer entrar no carro e dirigir perigosamente rápido, sair e quebrar a cara da primeira pessoa que olhar para ele de um jeito que ele não gosta, aos deuses e às fábulas que impingiram este mundo sobre ele. Toca até os dedos sangrarem e os ombros doerem, canções sobre amor, esperança, medo, alegria, redenção, mágoa e morte, e as canções nunca terminam, mas começam a se mesclar umas às outras, até que se tornem uma única e longa sinfonia de dor e alívio, um tributo a estar vivo e morto ao mesmo tempo, uma ópera de sangue, suor e lágrimas, de nada e de tudo, e a canção ainda segue, ainda é tocada em um volume criminoso, em garagens e cidadezinhas. Ela se tornou a música das esferas que reverbera entre os planetas e ecoa através do universo. Para ele, se tornou a música da vida e a lenta e constante drenagem desta vida, que antes parecia sem sentido e corrompida, mas que agora está repleta de propósito.

A MÚSICA E O ESPÍRITO DE BANDAS COMO THE CLASH E RAMONES CORREM PELAS MINHAS VEIAS E DEFINEM QUEM EU SOU.

NÃO É UMA MODA OU UMA IDADE, MAS UMA MANEIRA DE VER O MUNDO E ENCONTRAR O SEU LUGAR NELE.

AGRADECIMENTOS

Gostaria de agradecer a Matthew Benjamin, da Collins, pela paciência imensurável, o trabalho duro e a ajuda em editar este livro, e por dar uma chance a um vocalista de banda punk que acha que sabe escrever. A Caroline Greeven e Marc Gerald, da Agency Group, por chegarem com a ideia para o livro e acreditarem que eu poderia dar conta do recado, apesar de todas as evidências do contrário. A Andy Somers, nosso resignado agente literário, por me sugerir como autor. À incentivadora equipe na Collins: Joe Tessitore, Mary Ellen O'Neill, Jean Marie Kelly, Ginger Winters, George Bick, Teresa Brady, Felicia Sullivan e Marina Padakis. Aos outros papais punks, Joey Cape, Tony Adolescent, Noodles, Fat Mike e Greg Hetson, por suas aspas; e a Crystal Lafata, por me ajudar a encontrá-los e a forçá-los a escrever algo. A Amy, da KROQ, por ser maneira. A Brett, Gina, Andy, Dave, Jeff e todo mundo na Epitaph, por nos aguentarem por quase duas décadas. A Fletcher, Byron, Randy e à equipe do PW no mundo todo, por me deixarem ficar com o lounge na traseira do ônibus de turnê na Europa para trabalhar no livro, e por serem a melhor banda e a melhor equipe do mundo. À minha mãe e ao meu pai, por não me deixarem de castigo nem a metade das vezes que eles poderiam, e simplesmente por serem duas pessoas ótimas, que qualquer um ficaria orgulhoso em chamar de pais. À minha irmã e a todos os Johnsens, por serem incríveis, e a toda a nossa família estendida. A todas as bandas punks que me ajudaram a suportar a adolescência. Aos meus amigos que tentaram entender por que eu fiquei em casa para trabalhar no livro quando as ondas estavam boas. E, acima de tudo, à minha esposa Jennifer, e a Brighton, Emma e Kate, por me darem algo em que acreditar.

COMPRE UM ·LIVRO· doe um livro

NOSSO PROPÓSITO É TRANSFORMAR A VIDA DAS PESSOAS ATRAVÉS DE HISTÓRIAS. EM 2015, NÓS CRIAMOS O PROGRAMA COMPRE 1 DOE 1. CADA VEZ QUE VOCÊ COMPRA UM LIVRO DA BELAS LETRAS, VOCÊ ESTÁ AJUDANDO A MUDAR O BRASIL, DOANDO UM OUTRO LIVRO POR MEIO DA SUA COMPRA. TODOS OS MESES, LEVAMOS MINIBIBLIOTECAS PARA DIFERENTES REGIÕES DO PAÍS, COM OBRAS QUE CRIAMOS PARA DESENVOLVER NAS CRIANÇAS VALORES E HABILIDADES FUNDAMENTAIS PARA O FUTURO. QUEREMOS QUE ATÉ 2020 ESSES LIVROS CHEGUEM A TODOS OS 5.570 MUNICÍPIOS BRASILEIROS.

SE QUISER FAZER PARTE DESSA REDE, MANDE UM E-MAIL PARA
livrostransformam@belasletras.com.br

Este livro foi composto em Caecilia e impresso em papel pólen 70g. pela Gráfica Pallotti em Fevereiro de 2018.